नया भक्ति संगीत

भारतीय संस्कृति के अहम पहलुओं के गौरव का
नया अपूर्व भक्तिसंगीत.

संगीताचार्य
प्रो. रत्नाकर नराले

PUBLISHING CENTRE PLUS Ltd.
TORONTO, CANADA

Author
Lyric Composer : Prof. Ratnakar Narale, Professor Hindi, Ryerson University.

Title

नया भक्ति संगीत

हारमोनियम और तबले पर भारतीय भक्ति संगीत सीखने, सिखाने और आनंद लेने के लिए यह अपनी तरह की पहली पुस्तक है जिसमें विभिन्न रागों और तालों पर आधारित सभी गीत रचनाएँ एकदम नई हैं। भारतीय संगीत और संस्कृति का शायद ही कोई पहलू हो जिसे इस पुस्तक में शामिल न किया हो। उम्मीद है कि यह शानदार कृति सभी संगीत प्रेमियों, लेखकों और कवियों के लिए प्रेरणा बनेगी। यह एक इतिहास बनाने वाली पुस्तक है।.

सवरलिपि आधार
देव रामकिस्सून

Published by
Publishing Centre Plus Ltd.
email : **ratnakar-narale@gmail.com**
www.ratnakar-narale.com

ISBN 978-1-989416-15-0

ISBN 978-1-989416-15-0
9 781989 416150

Dedicated to

my caring wife Sunita

and

our unique grandson Nakshi

Sri Radha Krishna Temple

(The Canadian Hindu Mission Centre Scarborough)

1960 Ellesmere Road Unit 9 Scarborough ON M1H 2V9 Tel:416-431-3311

संगीताचार्य सम्मान

श्री राधाकृष्ण मंदिर, स्कारबरो, कनाडा द्वारा

प्रो. रत्नाकर नराले

को गीत-संगीत में उच्च कोटि की उपलब्धि के लिए
संगीताचार्य सम्मान प्रदान किया जाता है.

(Amar Batish)	(Manohar Sharma)	(Inder Kapila)
President	Secretary	Treasurer
	Oct. 01, 2020	

भक्ति संगीत अनुक्रम

४. विघ्नहर्ता गणेश संगीत

५. शिव-पार्वती-गणेश संगीत

६. राधाकृष्ण भक्ति संगीत

७. सीताराम भक्ति संगीत

८. रामभक्त हनुमान भक्ति संगीत

९. रामायण कथा संगीत

१०. आनंदोत्सव संगीत

११. अध्यात्म संगीत

१२. संत महात्मा वंदना

संगीत परिचय

पुण्यदं भक्तिसंगीतं ज्ञानदं सुखदामृतम् ।
रम्यं गम्यं चयन्नम्यं ब्रूते माता सरस्वती ।।
नादेनोच्चयते वर्णः पदं वर्णात्पदाद्वचः ।
वचसो व्यवहारोऽयं नादाधीनमिमं जगत् ।।

(ध्वनि अक्षर बनाती है, अक्षरों से शब्द बनाते हैं, शब्दों से वाक्य बनाते है, वाक्यों से वाणी, वाणी से व्यवहार, ध्वनियों से संसार चलता है)

संगीत सामवेद से उत्पन्न हुआ, भारत से फारस से अरब से यूरोप तक गया, जो 'पश्चिमी संगीत' के रूप में जाना जाने लगा और तब जा कर मूल संगीत 'भारतीय संगीत' के रूप में जाना जाने लगा. रागों पर आधारित लयबद्ध शास्त्रीय संगीत, रामायण और महाभारत के समय से नारद द्वारा शुरू किया गया था, मुख्य रूप से वीणा पर सात स्वरों के साथ बजाया जाता था. तबले के रूप में वृंदावन में पवित्र जमुना नदी के तट पर कृष्ण और राधा के प्रेम के ईर्दगीर्द केंद्रित हो कर मधुर लयबद्ध संगीत के परिणामस्वरूप भक्ति का विकास हुआ।

बाद की अवधि में, संगीत सिखाने का पहला स्मरणीय कार्य 'संगीत-रत्नाकर' था जिसे शारंगदेव द्वारा लगभग 1200 ईस्वी में लिखा गया था.

चैतन्यं सर्वभूतामां विवृतं जगदात्मना ।
नादब्रह्म तदानंदमद्वितीयमुपास्महे ।।

(वह वस्तु जो प्रत्येक प्राणी में विद्यमान है और उसके जीवन से जुड़ी है, वह है ध्वनि, इसलिए इसे ब्रह्म-नाद कहा जाता है)

इसके बाद 16वीं शताब्दी में तानसेन, बैजू बावरा, तुलसीदास, सूरदास, मीरा आदि जैसे महान संगीतकारों का उदय हुआ. 16वीं शताब्दी के बाद कुछ संगीतकारों ने दादरा, रूपक, कहरवा, झप ताल, एक ताल, चौ ताल, दीपचंदी, तीन ताल आदि तालों का निर्माण किया.

हारमोनियम पर भारतीय संगीत बजाने और गाने का अर्ध है अपने हारमोनियम के सुर और अपनी आवाज को तबले के बोल के साथ संतुलित करना. हारमोनियम एक रीड वाद्य होने के कारण, इसके सुर हमारे वोकल कॉर्ड के स्वर के काफी करीब होते हैं. जिस तरह हम हमेशा एक ही नियमित स्वर में हर शब्द को बोलते या गाते नहीं हैं, वैसे ही हारमोनियम के स्वरों को भी नरम, मध्य या कठोर स्वरों में बदलना पड़ता है. गीत के शब्द और मनोदशा और गायक की आवाज से मेल खाने के लिए धीरे, मध्य या तेज गति में बदला जाता है.

संगीत :

गानसृजन (lyric), वादन, गायन और नृत्य चारों परस्पर पूरक (caomplementary) कलाएँ संगीत के चार पहलू हैं. सुंदर और भावपूर्ण लिखे हुए गीत के गायन के साथ ताल वाद्य (तबला) और स्वर वाद्य (हारमोनियम) का संग हो तो उस संगीत में रुचि और प्रभाव विद्यमान होते हैं.

मात्रा :

गीत के भाव के अनुरूप स्वर और ताल अत्यावश्यक होते हैं. गीत की लय के अनुसार गीत के प्रत्येक अक्षर को गाने और बजाने के निश्चित समय को मात्रा या मात्राओं में गिना जाता है. एक सामान्य अक्षर के गाने-बजाने के लिए लगने वाले अवधि को इकाई (unit) मान कर उसे एक “मात्रा” कहते हैं. किसी अक्षर को एक से कम या अधिक मात्राएँ हो सकती हैं. लघु मात्रा वाले शब्द को एक मात्रा मान कर गुरु मात्रा वाले शब्द को दुगुना समय माना जाता है. कभी-कभी दुगुने से भी अधिक समय देकर दीर्घ कज्के भी किया जाता है.

नाद :

इस पुस्तक की सीमा में गायक या साज (तबला और होमोनियम) की आवाज को ही अब “नाद” मान कर हम आगे बढ़ते हैं. नाद का ऊँचा या नीचापन उसकी प्रति निमिष (second) कम्पन या आंदोलन-संख्या (frequency) पर निर्भर करता है. जितना आंदोलन अधिक उतना ही नाद ऊँचा माना जाता है.

स्वर :

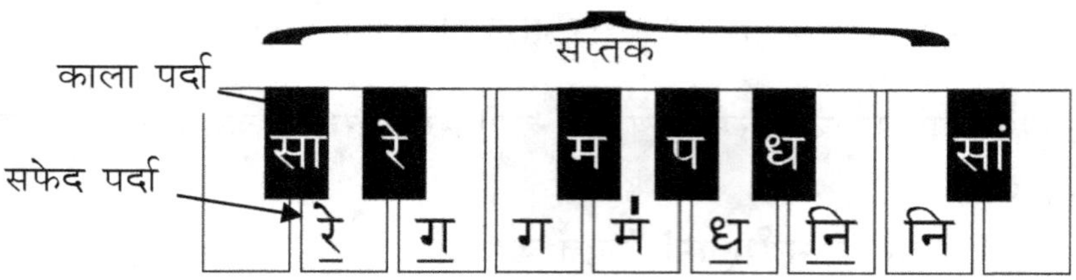

हारमोनियम के पर्दों के ऊपर वाले चित्र में दिखाए गए सा के पर्दे से (सा रे ग म प ध नि) नि के पर्दे तक के काले और सफेद 12 पर्दों का एक सप्तक होता है. सप्तक के हर पर्दे की निर्धारित आंदोलन-संख्या (frequence) वाली ध्वनि (सुर) को “स्वर” कहा जाता है. अधोरेखांकित न किए हुए जो मूल सात स्वरों (सा रे ग म प ध नि) के शास्त्रोक्त नाम हैं : सा (षड्ज), रे (ऋषभ), ग (गंधार), म (मध्यम), प (पंचम), ध (धैवत) और नि (निषाद) स्वर. सप्तक के इन सात पर्दों की अपरिवर्तित (unaltered) ध्वनि को “शुद्ध” स्वर कहते हैं. इन सात शुद्ध स्वरों के बीच में जो अन्य पाँच सफेद पर्दे दिख रहे हैं उन पाँच परिवर्तित (altered) स्वरों (सुरों) को “विकृत” स्वर कहते हैं. इन पाँच विकृत स्वरों में चार अधोरेखांकित (रे ग ध नि) स्वरों को “कोमल” स्वर काहा जाता है और पाँचवे ऊर्ध्व रेखांकित (मं) विकृत म स्वर को “तीव्र म” कहते हैं. सा और प स्वरों का कोई विकृत रूप न होने के कारण इन दों स्वरों को “अचल या अविकारी (unalterable)” स्वर कहते हैं और अन्य रे ग म ध नि पाँच स्वरों के विकृत रूप भी होने के कारण इन्हें “चल य विकारी (alterable)” स्वर कहते हैं.

हारमोनियम :

हारमोनियम भारतीय संगीत बजाने का एक मनोरम और आसान वाद्य है. इसके सुर मनुष्य के उच्चार से बहुत मिलते हैं इस लिए यह भारत में इतना लोकप्रिय है कि इसके सुर रजवाड़ों से लेकर गरीब की कुटिया तक और मंदिर से लेकर सड़क तक सभी स्थानों में सुनाई देती है.

सामान्य हारमोनियम में सवा तीन सप्तक (39 पर्दे या चाबियाँ) या साढ़े तीन सप्तक (42 पर्दे) होते हैं. हारमोनियम की किसी भी पर्दे को सा मान कर उसी क्रम से अगले ग्यारह स्वर निश्चित होते हैं और फिर तेरहवे पर्दे पर अगला सप्तक आरंभ होता है. हारमोनियम में धोकनी अथवा धम्मन (ballow) से हवा भरी जाती है जो पर्दों (5 काले और 7 सफेद) (keys) के दबाने से धातु की रीड़ों द्वारा बाहर निकल कर सा रे ग म प ध नि आदि पूर्व-निर्धारित ध्वनि निर्माण करती है.

उपयोग के बाद, हारमोनियम के कुछ पर्दे एक साथ नीचे दबा कर अंदर भरी हुई हवा पूर्णतया बाहर निकाल दें और रीड़ पर लगी हुई दोनों कुण्डियाँ बंद कर दें. हारमोनियम को धूप, धूल, नमी और कीड़ों से बचा कर ढ़क कर रखें

उँगलियों का क्रम :

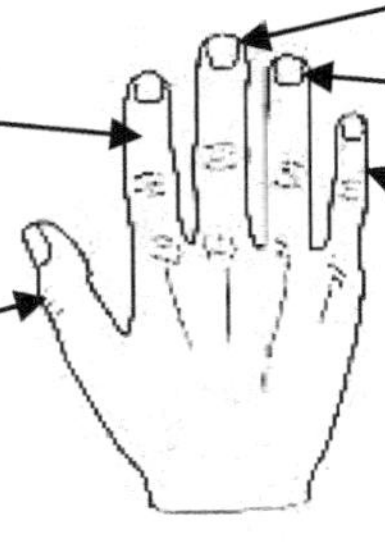

हार्मोनियम के पर्दे (चाबियाँ) उँगलियों से दबाने के लिए कुछ साधारण नियम हैं, मगर किसी वजह से उनका उल्लंघन करना पड़ जाए तो कोई दोष या दंड नहीं है. अपितु इन नियमों के अनुसार हारमोनियम

बजाने में सुविधा होती है और दर्शकों को अच्छा भी लगता है.

1. सफेद पर्दे दबाने के लिए अधिकतर अँगूठे का प्रयोग होता है.
2. काले पर्दे अधिकतर उँगलियों से उनके क्रम में दबाने चाहिए.
3. आगे वाले आरोही और पिछले वाले अवरोही पर्दे इस तरह दबाएँ जिससे कि उँगलिया आड़ी-ठेढ़ी (criss-cross) नहीं करनी पड़े. जैसे – शुद्ध सा रे ग म प ध नि सा बजाने के लिए आरोह में सा पर तर्जनी, रे पर मध्यमा, ग पर अँगूठा, म पर तर्जनी, प पर मध्यमा, ध पर अनामिका और नि पर अँगूठा काम में लाएँ. उसी तरह से अवरोही क्रम में सां नि ध प म ग रे सा बजाने के लिए सां पर तर्जनी, नि पर अँगूठा, ध पर अनामिका, प पर मध्यमा, म पर तर्जनी, ग पर अँगूठा, रे पर मध्यमा और सा पर तर्जनी को उपयोग में लाना सुविधा कारक होता है.

ताल :

ताला मूलानि गीतानां ताले सर्वं प्रतिष्ठितम् ।
तालहीनानि गानानि मंत्रहीनाऽऽहुतिर्यथा ।।

ताल या लय संगीत के हृदय की धड़कन होती है. ताल संगीत का आसन होता है. गाने-बजाने वालों के लिए तबले के बोल समयसारिणी का काम करते हैं. गायक-गायिका अपना गान तबले के सम स्थान पर आरंभ करते हैं और अपनी गायकी का प्रदर्शन करते हुए विभिन्न लयकारियों का चक्कर काट कर फिर से तबले के **सम** स्थान पर मिलते हैं.

तबले के दस ताल

1. दादरा ताल – 6 मात्रा

X 0

धा धि ना । धा ति ना

2. रूपक ताल – 7 मात्रा

X 2 3

ती ती ना । धी ना । धी ना

3. तीव्र ताल – 7 मात्रा

X 2 3

धा दीं ता । तिट कत् । गदी गिन

4. कहरवा ताल – 8 मात्रा

X 2

धा गे न तिं । न के धिं ना

5. झप ताल – 10 मात्रा

X 2 0 3

धि ना । धि धि ना । ति ना । धि धि ना

6. एक ताल – 12 मात्रा

X 0 2 0 3 4

धिं धिं । धागे तिरकिट । तू ना । कत् ता । धागे तिरकिट । धिं ना

7. चौताल – 12 मात्रा

X 0 2 0 3 4

धा धा । धिं ता । कित् धा । धिं ता । तिट कत् । गदि गिना

8. तीन ताल – 16 मात्रा

X 2 0 3

धा धिं धिं धा । धा धिं धिं धा । धा तिं तिं ता । ता धिं धिं धा

9. दीपचंदी ताल – 14 मात्रा

X 2 0 2

धा धिं ऽ । धा गे तिं ऽ । ता तिं ऽ । धा गे धिं ऽ

10. धमार ताल – 14 मात्रा

X 2 0 3

क धे ते धे ते । धा ऽ । ग ते ते । ते ते ता ऽ

तबला :

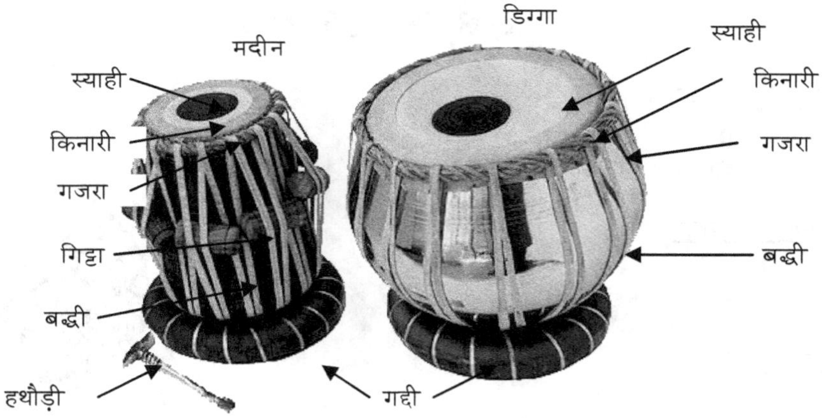

तबले के दो अंग होते हैं. दायाँ "मदीन" और बाँया "डिग्गा." मदीन खास लकड़ी का बना होता है और भीतर से खोखला होता है जिसमें से आवाज घूम कर बहार निकलती है. इसके ऊपर चमड़ा मढ़ा होता है जिसे "पूड़ी" कहते हैं. पूड़ी के बीचों-बीच गोल काली "स्याही" लगी होती है. स्याही के बाहर, पूड़ी के ऊपर चारों ओर चमड़े की पट्टी लगी होती है जिसे "किनारी" कहते हैं. किनारी के नीचे चमड़े का घेरा होता है जिसे "गजरा" कहते हैं, इसमें "बद्धी" के पट्टे गूँथे होते हैं. बद्धियों को कसने के लिए उनके नीचे लकड़ी के "गिट्टे" लगे होते हैं. गिट्टों को छोटी हथौड़ी से धीरे-धीरे पीट कर ऊपर नीचे खिसका कर तबले के स्वर को ऊँचा नीचा किया जाता है. स्थिरता के लिए तबला "गद्दी" पर रखा जाता है.

डिग्गा धातु का बना होता है. डिग्गे पर भी चमड़े मढ़ा होता है और ऊपर गोल स्याही लगी होती है. स्याही के बाहर की खुली जगह को "मैदान" कहते हैं. डिग्गे की पूड़ी में बद्धी के पट्टों में लकड़ी के गिट्टे नही होते हैं. गजरे को हथौड़ी से धीरे धीरे पीट कर डिग्गे का स्वर ऊँचा-नीचा किया जाता है. तबले के बोल का समूह जो ताल के साथ बजाया जाता है उसे "ठेका" कहते हैं.

तबले के स्वरों को बोल (tone) कहते हैं. समान गति की के तबला वादन को लय कहते हैं. चाल अत्यंत धीमी हो उसे विलंबित लय कहते हैं. साधारण चाल, जो विलंबीत से दुगुनी होती है, उसको मध्य लय कहते हैं और साधारण से दुगुनी शीघ्र चाल को द्रुत लय कहते हैं. वादन-गायन के साधारण लय को ठाह कहते हैं. इससे दो गुना चाल को दुगुन, तीन गुना चाल को तिगुन और चार गुना चाल को चौगुन कहते हैं. कुछ मनोरम बोल बजा कर कम समय में सम पर आने को मुखड़ा कहते हैं.

गीत :

अलंकारों के अभ्यास के सिद्धि के पश्चात गीतों का अभ्यास प्रारंभ होता है. गीत उस काव्य को कहते हैं जिसके स्वर किसी लय और ताल में बद्ध हों और जो काव्य मनोरम गाया जा सके. गीत शुद्ध राग में या मिश्र राग में लिखे-गाए-बजाए जा सकते हैं.

१. राष्ट्रभक्ति संगीत

भारत राष्ट्रगीत

यह वर्तमान भारत के लिए लिखा हुआ राष्ट्रगीत स्वर्गभूमि भारत की अनुपम एवं उज्ज्वल संस्कृति का गौरव गीत है. यह गान केवल कुछ ही गिने चुने प्रांत-नदी-पर्वतों की स्तुति का न होकर भारत भूमि के अप्रतिम निसर्ग एवं ज्ञान संपदा के गौरव गान का है, और यह भी विशेष ध्यान में रखा है कि संस्कृत की आवृत्ति के बिना भारत-राष्ट्रगीत सिद्ध नहीं हो सकता.

१. भारत राष्ट्रगीत, समूह गीत हिंदी

कहरवा ताल, 8 मात्रा

कर्मभूमि ये भारत हमारा, सारी दुनिया में हमको है प्यारा ।
इसका इतिहास सुंदर नियारा, दिव्य भारत हमारा जियारा ।।

अंतरा-1

इसकी धरती है सोने की माटी, इसके सिर पर हिमालय की चोटी।
इसकी नदियाँ हैं अमृत की धारा, इसके पग में समुंदर किनारा ।।

अंतरा-2

इसकी आभा है अंबर की ज्योति, चाँद सूरज हैं कुंडल के मोती ।
रम्य अनुपम है इसका दीदारा, विश्व का है ये उज्ज्वल सितारा ।।

अंतरा-3

इसकी वायु में सौरभ घनेरा, इसका मंगल है साँझ और सवेरा ।
इसमें आनंद है अद्‍भुत अपारा, ये है कुदरत का मनहर नज़ारा ।।

अंतरा-4

मोर कोयल पपीहे हैं गाते, टेर कुहू हैं मंजुल सुनाते ।
संग सावन का शीतल फुहारा, सारे वतनों में ये है दुलारा ।।

अंतरा-5

पर नारी यहाँ पर है माता, भाईचारे का सबमें है नाता ।
यहाँ इंसानियत का बसेरा, शुभ शांति अहिंसा का नारा ।।

अंतरा-6

इसकी संतानें हैं वीर ज्ञानी, संत योगी कलाकार दानी ।
स्नेह सेवा शराफ़त का डेरा, स्वर्ग से प्रिय है देश मेरा ।
स्वर्ग से प्रिय है देश हमारा ।।

जय हो जय हो, तेरी जय हो जय हो,
जय हो जय हो, सदा जय हो जय हो ।

कहरवा ताल, 8 मात्रा*

स्थायी

	X				0				X				0			
सा ग	म	–	म	–म	प	–	मग	ग	म	–	प	–	–	–	म	प
क र्म	भू	ऽ	मि	ऽये	भा	ऽ	रत	ह	मा	ऽ	रा	ऽ	ऽ	ऽ	सा	री
	सां	सां	निप	प	नि	नि	प	ग	म	–	म	–	–	–	नि–	नि
	दु	नि	या–	में	हम	को	ऽ	है	प्या	ऽ	रा	ऽ	ऽ	ऽ	इस	का
	सां	सां	सां	सां	सां	गं	सांनि	नि	सां	–	सां	–	–	–	सां–	सां
	इ	ति	हा	स	सुं	ऽ	दर	नि	या	ऽ	रा	ऽ	ऽ	ऽ	दिऽ	व्य
	मं	–	गं	सां	गं	गं	सांनि	नि	सां	–	–	नि	प	–	म	प
	भा	ऽ	र	त	ह	मा	राऽ	जि	या	ऽ	ऽ	ऽ	रा	ऽ	क	र्म
	(म)ग	–ग	म	म	प	–नि	प	म	म	–म	म	म	म	–	–	–
	भू	ऽऽ	मि	ऽ	ये	ऽभा	ऽ	रत	ह	ऽमा	ऽ	रा	ऽ	ऽ	ऽ	ऽ

अंतरा–1

X				0				X				0			
–	निसां	गं	रें	सां	सां	–	सां	निसां	गं	–	रें	सां	–	सां	–
ऽ	इस	की	ध	र	ती	ऽ	है	सोऽ	ने	ऽ	की	मा	ऽ	टी	ऽ
–	निसां	गं	रें	सां	नि	–	प	पनि	गं	–	रें	सां	–	सां	–
ऽ	इस	की	ध	र	ती	ऽ	है	सोऽ	ने	ऽ	की	मा	ऽ	टी	ऽ
–	सां–	नि	प	नि	नि	प	म	गम	प	म	म	म	–	म	–
ऽ	इस	के	सि	र	प	र	हि	माऽ	ल	य	की	चो	ऽ	टी	ऽ
–	निसां	गं	रें	सां	सां	–	सां	निसां	गं	रें	सां	सां	–	सां	–
ऽ	इस	की	न	दि	याँ	ऽ	हैं	अम्	रि	त	कीं	धा	ऽ	रा	ऽ
–	निसां	गं	रें	सां	सां	नि	प	पनि	गं	रें	सां	सां	–	सां	–
ऽ	इस	की	न	दि	याँ	ऽ	हैं	अम्	रि	त	कीं	धा	ऽ	रा	ऽ
मं	मं	गं	सां	गं	सां	सां	नि	सां	सां	नि	–	प	–	म	प
इस	के	प	ग	मैं	स	मुं	ऽ	दर	कि	ना	ऽ	रा	ऽ	क	र्म
(म)ग	–ग	म	म	प	–नि	प	म	म–	मम	म	म	–	–	–	–
भू	ऽऽ	मि	ऽ	ये	ऽभा	ऽ	रत	ह	ऽमा	ऽ	रा	ऽ	ऽ	ऽ	ऽ

* गीतों के साथ साथ स्वरलिपियाँ संगीत छात्र एवं ज्ञाताओं के लिए दी गई हैं.

२. भारत राष्ट्रगीतम्, संस्कृत समूह गीत

श्लोकः

वामे च दक्षिणे यस्या रत्नाकरोस्ति पादयोः ।
हिमाद्रिर्मुकुटो शुभ्रो, वन्दे भारतमातरम् ।।

♫ ग-ग- ग- ग-गरे- पग-, प-म-गरे-सा रे-मग- ।
पप-प-पपप- म-ग-, रे-रे- रे-मगरे-ऩिसा- ।।

स्थायी

भारतं कर्मभूमिरस्माकं, भारतं स्वर्गभूमिरस्माकम् ।

अंतरा-1

अस्ति राष्ट्रं समृद्धं सुवर्णं, यस्य तुङ्गो हिमाद्रिः किरीटम् ।
पीयूषं हि नदीषु च नीरं, पावनं पादयोः सिन्धुतोयम् ।।

अंतरा-2

रविरश्मिः प्रभा यस्य उक्ता, कुण्डले तारका यस्य मुक्ता ।
दर्शनम् अस्य देशस्य रम्यं, वर्णनं सुन्दरं ज्ञानगम्यम् ।।

अंतरा-3

यत्र सिंहा हरिणा अटन्ति, शुकाः पिका मयूरा रटन्ति ।
सर्वभूतेषु प्रीतिश्च सख्यं, प्रकृतेः रक्षणं कर्म मुख्यम् ।।

अंतरा-4

परनारी मता यत्र माता, परपुमान् तथा स्वस्य भ्राता ।
यत्र शांतिरहिंसा नरत्वं, अनुकम्पा सदाचारतत्त्वम् ।।

अंतरा-5

यस्य पुत्राश्च कन्याश्च वीराः, ज्ञानक्षेत्रे रणे ये च धीराः ।
वेदवाक्यं मतं यत्र मन्त्रं, वाङ्मये भारतं पञ्चतन्त्रम् ।।

अनुपदम्

नमो नमो नमो मातृभूमे* । नमो नमो नमो दातृभूमे ।
नमो नमो नमः पुण्यभूमे । नमो नमो नमः पूज्यभूमे ।।

* मातृभूमे आदि के स्थान पर हिंदुभूमे, स्वर्गभूमे, दिव्यभूमे आदि भी कहा जा सकता है.

३. भारत राष्ट्रगीत, संस्कृत समूह गीत

दादरा ताल 6 मात्रा

स्थायी

0			x			0			x		
म	–	ग	म	–	म	–	म	प	–	म	–
भा	ऽ	र	तं	ऽ	क	ऽ	र्म	भू	ऽ	मि	ऽ
ग	–	म	–	प	–	–	–	–	–	–	–
र	ऽ	स्मा	ऽ	कं	ऽ	ऽ	ऽ	ऽ	ऽ	ऽ	ऽ
–	म	प	ध	–	ध	–	ध	ध	–	नि	–
–	भा	र	तं	ऽ	स्वऽ	ऽ	र्ग	भू	ऽ	मि	ऽ
–	–	ध	–	प	–	म–	–	–	–	–	–
ऽ	ऽ	र	ऽ	स्मा	ऽ	कम्	ऽ	ऽ	ऽ	ऽ	ऽ

अंतरा

0			x			0			x		
–	सां–	सां	नि	–	–	सां	–	नि	ध	–	नि
ऽ	अस्	ति	रा	ऽ	ऽ	ष्ट्रं	ऽ	स	मृ	ऽ	द्धं
–	ध	–	प–	–	–	म	–	–	–	–	–
ऽ	सु	ऽ	वर्	ऽ	ऽ	णं	ऽ	ऽ	ऽ	ऽ	ऽ
–	सां–	सां	नि	–	–	सां	–	नि	ध	–	नि
ऽ	यऽ	स्य	तुं	ऽ	ऽ	गो	ऽ	हि	मा	ऽ	द्रिः
–	–	ध	प	–	–	म–	–	–	–	–	–
ऽ	ऽ	कि	री	ऽ	ऽ	टम्	ऽ	ऽ	ऽ	ऽ	ऽ
म	–	ग	म	–	म	–	म	प	–	म–	–
पी	ऽ	यु	षं	ऽ	हि	ऽ	न	दी	ऽ	षुऽ	ऽ
–	ग	म	–	प	–	–	–	–	–	–	–
ऽ	च	नी	ऽ	रं	ऽ	ऽ	ऽ	ऽ	ऽ	ऽ	ऽ
म	–	प	ध	–	ध	–	ध	ध	–	नि	–
पा	ऽ	व	नं	ऽं	पा	ऽ	द	योः	ऽ	सिं	ऽ
–	–	ध	प	–	–	म–	–	–	–	–	–
ऽ	ऽ	धु	तो	ऽ	ऽ	यम्	ऽ	ऽ	ऽ	ऽ	ऽ

भारत माता वंदना

४. वंदे भारत मातरम्

हिंदी, समूह गीत

स्थायी

वन्दे भारतं, वन्दे मातरम् ।
वन्दे भारतमातरम् ।।

♪ मं-ग- प-मंग-, नि़-रे- प-मंग- ।
मं-ग- प-मंग प-मंग- ।।

अंतरा-1

मुकुट हिमाचल शीर्ष में सोहे, दाएँ बाएँ पद में सागर ।
ब्रह्म विष्णु शिव का नंदनवन, भूमि सनातन ऋषि-मुनियन की ।
वन्दामहे भारतमातरम् ।।

♪ नि़रेग मंप-पप ध-प मं ग-मं-, मंधमंध नि-सां निरें गं- रेंनिरेंसां ।
नि-ध प-प मंमं ध- निधमंधपप, मं-ध पमं-धध निध पपरेरे सा- ।
प-मं-गरे- सारेरे प-मंग- ।।

अंतरा-2

कन्या जिसकीं राधा सीता, गंगा जमुना सिंधु नर्मदा ।
सुपुत्र जिसके राम कृष्ण हैं, व्यास वाल्मीकि भीम मारुति ।
वन्दामहे भारतमातरम् ।।

अंतरा-3

वेद भागवत पुराण जिसकी, रामायण भारत है वाणी ।
मातृवत् जहाँ है परपत्नी, आत्मवत् पर कन्या भगिनी ।
वन्दामहे भारतमातरम् ।।

अंतरा-4

मिट्टी सोना, जल अमृत हैं, वायु में सौजन्य सचाई ।
कर्मभूमि उस धर्मभूमि को, पुण्यभूमि रण मातृभूमि को ।
वन्दामहे भारतमातरम् ।।

५. वन्दे भारतमातरम्

संस्कृत, समूह गीत
श्लोक छन्द

वामे च दक्षिणे यस्या रत्नाकरोस्ति पादयोः ।
हिमाद्रिर्मुकुटो शुभ्रो, वन्दे भारतमातरम् ।।

♫ ग-ग- ग- ग-गरे- पग-, प-म-गरे- सा रे-मग- ।
पप-प-पपप- म-ग-, रे-रे- रे-मगरे-ऩिसा- ।।

राधा सीता सुकन्यासु कालीन्दिर्जाह्नवी तथा ।
नर्मदा ब्रह्मपुत्री च, वन्दे भारतमातरम् ।। 1

रामकृष्णौ सुपुत्रेषु भीमार्जुनौ च मारुतिः ।
वाल्मीकिः पाणिनिर्व्यासो, वन्दे भारतमातरम् ।। 2

परस्त्री मातृवद्यत्र परकन्या स्वकन्यका ।
आत्मवच्च परा जामिः, वन्दे भारतमातरम् ।। 3

यत्र पत्नी महालक्ष्मी पतिश्च परमेश्वरः ।
सुता रत्नं सुतः सिंहः, वन्दे भारतमातरम् ।। 4

वाङ्मये वेदवेदाङ्गे रामायणं च भारतम् ।
पञ्चतन्त्रं निघण्टुश्च, वन्दे भारतमातरम् ।। 5

भूमिः स्वर्णमया यत्र जलममृतवत्तथा ।
वायौ च सौरभं यस्याः, वन्दे भारतमातरम् ।। 6

कर्मभूमिं, धर्मभूमिं, रणभूमिं, तपोधराम् ।
पुण्यभूमिं, मातृभूमिं, वन्दे भारतमातरम् ।। 7

वेदवाणी

६. वसुधैव कुटुंबकम् : कहरवा ताल

कहरवा ताल 8 मात्रा

स्थायी : सब लोग जहाँ के भाई हैं, सब एक ही पथ के राही हैं ।
"वसुधैव कुटुंब" सचाई है ।।
सब एक जगत के वासी हैं, सब की ये वसुधा माई है ।
सब एक ही कुल के सगाई हैं ।।

अंतरा : 1. सब वेदों की ये वाणी है, सब शुभ वचनों की ये राणी है ।
बस एक हमारी भूमि है, अरु एक हमारा स्वामी है ।
बस एक सभी का साँई है ।।

2. सब जगत का एक ही ज्ञानी है, और एक ही अंतर्यामी है ।
बस एक हमारा दाता है, अरु एक हमारा विधाता है ।
बस एक सभी का सहाई है ।।

3. ऋषि मुनियों की ये बखानी है, और सबसे परम कहानी है ।
बस एक हमारा कर्ता है, जिसने जग रीत बनाई है ।
उसने भव प्रीत बसाई है ।।

स्थायी

X						0				X				0			
सा	नि़	सा	–	ग	रे	सा	–	नि़	–	सा	–	रे	प	(म)ग	–	ग	म
स	ब	लो	ऽ	ग	ज	हाँ	ऽ	के	ऽ	भा	ऽ	ई	ऽ	हैं	ऽ	स	ब
		म	ग	प	म	ग	ग	रे	सा	सा	–	रे	म	ग	–	ग	ग
		ए	ऽ	क	ही	प	थ	के	ऽ	रा	ऽ	ही	ऽ	हैं	ऽ	व	सु
		गरे	सा	सा	सा	रे	–	ग	म	ग	रे	सा	नि़	सा	–	सा	नि़
		धैऽ	ऽ	व	कु	टुं	ऽ	ब	स	चा	ऽ	ई	ऽ	है	ऽ	स	ब
		सा	–	ग	रे	सा	सा	नि़	–	सा	–	रे	प	(म)ग	–	ग	म
		ए	ऽ	क	ज	ग	त	के	ऽ	वा	ऽ	सी	ऽ	हैं	ऽ	स	ब
		म	ग	प	म	ग	–	रे	सा	सा	–	रे	म	ग	–	ग	ग
		की	ऽ	ये	व	सु	ऽ	धा	ऽ	मा	ऽ	ई	ऽ	है	ऽ	स	ब
		ग	रे	सा	सा	रे	रे	ग	म	ग	रे	सा	नि़	सा	–	सा	नि़
		ए	ऽ	क	ही	कु	ल	के	स	गा	ऽ	ई	ऽ	हैं	ऽ	स	ब

अंतरा–1

		X				0				X				0			
प	प	म	रे	म	–	प	–	प	म	प	नि	ध	प	प	–	प	प
स	ब	वे	ऽ	दों	ऽ	की	ऽ	ये	ऽ	वा	ऽ	णी	ऽ	है	ऽ	स	ब
		म	ग	ग	सा	सा	ग	म	प	ग	रे	सा	नि़	सा	–	सा	नि़
		शु	भ	व	च	नों	ऽ	की	ये	रा	ऽ	णी	ऽ	है	ऽ	ब	स
		सा	–	ग	रे	सा	–	नि़	–	सा	–	रे	प	^{म}ग	–	ग	म
		ए	ऽ	क	ह	मा	ऽ	री	ऽ	भू	ऽ	मि	ऽ	है	ऽ	अ	रु
		म	ग	प	म	ग	–	रे	सा	सा	–	रे	म	ग	–	ग	ग
		ए	ऽ	क	ह	मा	ऽ	रा	ऽ	स्वा	ऽ	मी	ऽ	है	ऽ	ब	स
		ग	रे	सा	सा	रे	–	ग	म	ग	रे	सा	नि़	सा	–	सा	नि़
		ए	ऽ	क	स	भी	ऽ	का	ऽ	साँ	ऽ	ई	ऽ	है	ऽ	स	ब

७. वसुधैव कुटुंबकम् - दादरा ताल

दादरा ताल 6 मात्रा

स्थायी : इस दुनिया में सारे हैं भाई,
वसुधैव कुटुंबऽ की नाई ।
ये वसुधा सभी की है माई,
एक कुल के सभी हैं सगाई ।।

अंतरा: 1. सब वेदों की अमृत की वाणी, शुभ वचनों की जानी है राणी ।
सारी भूमि का है एक स्वामी,
सारी दुनिया का है एक साईं।।

2. एक सबका हमारा है दाता, एक सबका हमारा विधाता ।
इस संसार का एक ज्ञाता,
एक जानो सभी का सहाई ।।

3. ऋषि–मुनियों की ये है बखानी, सबसे पावन यही है कहानी ।
रीत दुनिया की जिसने बनाई,
प्रीत भव में उसी ने बसाई ।।

८. सत्यमेव जयते

स्थायी

सत्यमेवो हि जयते नानृतं, सत्यं ऋतम् अमृतम् ।
सत्यं शिवं सुंदरम् ।।

♫ सा-रेग-म- प मगरे- ध-पम-, सां-नि- धप- ध-पम- ।
सां-नि- धप- ध-पम- ।।

अंतरा-1

सत्य ब्रह्म है, सत्य आत्म है, सत्य कर्म परम् ।
सत्यं शुभं मंगलम् ।।

♫ सा-सा रे-ग म-, प-म ग-रे सा-, सा-रे म-ग मप- ।
सां-नि- धप- ध-पम- ।।

अंतरा-2

सत्य अर्थ है, सत्य धर्म है, सत्य मोक्ष स्वयम् ।
सत्यं परं भूषणम् ।।

अंतरा-3

सत्य नित्य है, सत्य प्रीत्य है, सत्य कृत्य वरम् ।
सत्यं सदा वन्दितम् ।।

९. अहिंसा परमो धर्मः

श्लोक

अहिंसा परमो धर्मो हिंसा हीना कृतिर्मता ।
अहिंसा कर्म भद्राणां हिंसा कर्म तु पापिनाम् ।।

♫ गम-म- पपप- म-प-, ध-प म-ग- रेग-पम- ।
रेग-म- प-म ग-म-प-, नि-ध- प-प प ध-पम- ।।

स्थायी

अहिंसा, विधि का विधान है ।

♫ साग-रे-, ऩिसा ऩिध़ ऩिसागरे सा- ।

अंतरा-1

दया क्षमा शम, किरपा शान्ति, घन तन मन वाणी में प्रीति ।
श्रद्धा निष्ठा भक्ति नीति, जानो, ये ज्ञान है ।।

♫ ऩिसा- रेसा- ऩिध़, ऩिऩिसा- ग-रे-, गग मम पप ध-प- म- ग-म- ।
गमपम गमगरे गमपम गरेसा-, ऩिसाऩिध़, नि़ सागरे सा- ।।

अंतरा–2

ईर्ष्या हठ शठ, कलि मल भ्राँति, दंभ दर्प मद छल बल भीति ।
जोर जबर अवमान अनीति, हिंसा, अज्ञान है ।।

अंतरा–3

अपना पराया जहाँ न कोई, राम–कृष्ण सबको सुखदाई ।
वसुधा ये एक कुटुंब भाँति, सारे, समान हैं ।।

अंतरा–4

निश–दिन मुख में जप ले हरि हरि! याद प्रभु की आवे घड़ी घड़ी ।
समाधान नित सरबस तृप्ति, सुख का, निधान है ।।

१०. सदाचार

स्थायी

जो काम सबका तुम्हें पियारा, जहाँ को वापस वो प्यार दो ।
♬ रे ध–प ममप– गप– धप–म–, रेग– म प–म– प म–ग रे– ।

अंतरा–1

विचार वाणी में हो अहिंसा, प्रयोग में हो कभी न हिंसा ।
जो दोष उनका तुम्हें चुभाता, वही न तुझमें दीदार हो ।।
♬ रेग–म प–म– प ध– निध–प–, धनि–सां नि– ध– पध– नि ध–प– ।
म प–ध पमग– मप– धपमग–, गम– प मगरे– पम–ग रे– ।।

अंतरा–2

न हो जियारा कभी उदासा, रहो प्रभु के चरण में दासा ।
जो कर्म उनका तुम्हें गिराता, जगत में प्यारे! वो ना करो ।।

अंतरा–3

सदाचार की सदा हो भासा, भगत जनन को तुम्ही से आसा ।
जो बोल उनका तुम्हें दुखारा, किसी को प्यारे! वो ना कहो ।।

अंतरा–4

अधर्म का जो करे विनासा, वो कार्य तेरा बने विलासा ।
जो धर्म शाँति दया सिखाता, वो राह सत् की स्वीकार हो ।।

अंतरा–5

धरती अंबर तेरा निबासा, दिशाएँ चारों तेरा लिबासा ।
जो जाप मुख में तुम्हें सुहाता, वो नाम हरि का सदा जपो ।।

११. भूत दया

स्थायी

सबसे मेरा रहे प्रेम नाता, दृष्टि, ऐसी मुझे देना दाता ।

♫ सा–रे ग–म– पम– ग–रे ग–म–, धध, प–म– गम– प–म ग–रे– ।

अंतरा–1

चाहे जाने वो हमको पराया, द्वेष उसके हो मन में समाया ।

जानूँ उसको भी मैं बंधु भ्राता, बुद्धि, ऐसी मुझे देना दाता ।।

♫ प–ध नि–नि– नि सां–नि– धप–ध–, प–ध नि–नि– नि सां– नि– धप–ध– ।

रेग– म–म– म प– म–ग रे–ग–, गम, प–म– गम– प–म ग–रे– ।।

अंतरा–2

कोई कमजोर हो दीन दुखिया, जिसकी सुनसान बीरान दुनिया ।

उसके कँधे से कँधा लगाना, शक्ति, इतनी मुझे देना दाता ।।

अंतरा–3

हर प्राणी से हो मेरी माया, हर भाई बने मेरा भाया ।

हर माता लगे मेरी माता, प्रीति, ऐसी मुझे देना दाता ।।

अंतरा–4

तेरी किरपा की हो मुझ पे छाया, तेरी सेवा में हो मेरी काया ।

मैं रहूँ तेरे गुन गुनगुनाता, भक्ति, ऐसी मुझे देना दाता ।।

१२. जय जवान

राग भैरव, कहरवा ताल 8 मात्रा

स्थायी : जाओ माता पुकारे, जाओ तुमको वतन बुलाए,
वीर जवान हमारे ।।

अंतरा :

1. आबरू देश की बैरी लीन्हो, स्वाभिमान को जागृत कीन्हो ।
प्राणों को कर अर्पण प्यारे, जीतो या फिर स्वर्ग के द्वारे ।।
2. शोले बारूद गोले खेलो, शस्त्र अस्त्र सब हँस कर झेलो ।
विजय पताका हाथ में ले लो, जय जय माता भवानी बोलो ।।
3. याद करो शहीदों की होली, खेली थी जिन्ह माता काली ।
रणचंडी से आँख मिचौली, राणा शिवाजी झाँसी वाली ।।
4. कार्य परायण आर्यों जागो, धर्म नीति से कर्म निभाओ ।
त्याग इसी में याग मनाओ, भवानी का भगवा फहराओ ।।

स्थायी

x				0				x				0			
–	ध	–	प	म	प	ग	म	म	ग	प	ग	रे	–	सा	–
ऽ	जा	ऽ	ओ	मा	ऽ	ता	पु	का	ऽ	ऽ	ऽ	रे	ऽ	ऽ	ऽ
ऩि	–	ध़	–	रे	रे	सा	–	ग	ग	म	ग	रे	–	सा	–
जा	ऽ	ओ	ऽ	तु	म	को	ऽ	व	त	न	बु	ला	ऽ	ए	ऽ
ऩि	सा	ग	म	प	–	ग	म	पध	निसां	नि	ध	धनि	धप	मप	गम
वी	ऽ	र	ज	वा	ऽ	न	ह	मा	ऽ	ऽ	ऽ	ऽऽ	ऽऽ	रेऽ	ऽऽ

अंतरा

x				0				x				0			
म	–	म	म	प	–	ध	ध	सां	–	सां	–	नि	रें	सां	–
आ	ऽ	ब	रू	दे	ऽ	श	की	बै	ऽ	री	ऽ	ली	ऽ	न्हो	ऽ
ध	–	ध	ध	नि	सां	सां	–	रें	–	सां	सां	नि	सां	ध	प
स्वा	ऽ	भि	मा	ऽ	न	को	ऽ	जा	ऽ	गृ	त	की	ऽ	न्हो	ऽ
ग	म	प	ध	सां	–	ध	प	ग	म	प	मग	रे	–	सा	–
प्रा	ऽ	णों	ऽ	को	ऽ	क	र	अ	र्	प	णऽ	प्या	ऽ	रे	ऽ
ऩि	सा	ग	म	प	–	ग	म	पध	निसां	नि	ध	धनि	धप	मप	गम
जी	ऽ	तो	ऽ	या	ऽ	फि	र	स्व	र्	ग	के	द्वाऽ	ऽऽ	रेऽ	ऽऽ
–	ध	–	प	म	प	ग	म	म	ग	प	ग	रे	–	सा	–
ऽ	जा	ऽ	ओ	मा	ऽ	ता	पु	का	ऽ	ऽ	ऽ	रे	ऽ	ऽ	ऽ

देववाणी संस्कृत

१३. मधुर वाणी संस्कृत
संस्कृत समूह गीत

श्लोक छंद

♫ ग-ग-ग गगरे- म-ग- प-प- म-म-मग-पम- ।
रे-रे-रेप- म ग-रे- सा, रे-गम-प- म ग- रेसा- ।।

भाषा सुमधुरा दिव्या, रम्या गीर्वाणभारती ।
सर्वोत्तमा च श्रेष्ठा च, देववाणी च या मता ।। 1

देशवैदेशिकानां च भाषाणां जननी शुभा ।
दोषविकारशून्या सा व्याकरणसुमंडिता ।। 2

गिरा समाधिमास्थाय साक्षात्कृता महर्षिभिः ।
आशासिता गणेशेन गीर्देव्या विश्वकर्मणा ।। 3

ज्ञानविज्ञानसंयुक्ता छंदस्सङ्गीतसंयुता ।
गेया ज्ञेया च स्मर्तव्या, वन्द्या हृद्या मनोरमा ।। 4

न कठिना न क्लिष्टा च ना न्यूना नाऽनियंत्रिता ।
सुरसा च सुबोधा च ललिता सरला तथा ।। 5

अमृता मञ्जुला पुण्या मनोज्ञा विश्ववन्दिता ।
गीता वेदेषु शास्त्रेषु रामायणे च भारते ।। 6

विरचिता गणेशेन सरस्वत्या च निर्मिता ।
वाल्मीकिना च व्यासेन, कालिदासेन गुम्फिता ।। 7

संगीतगीतपद्यैश्च चरित्रं रामकृष्णयोः ।
छन्दोरागेषु वृत्तेषु रत्नाकरेण प्रस्तुतम् ।। 8

दिव्यवाणी हिंदी

१४. राष्ट्रभाषा हिंदी

हिंदी समूह गीत

स्थायी

वाणी सरस्वती की, है देन गणपति की ।
उज्ज्वल ये संस्कृति की, हिन्दी है राष्ट्रभाषा ।। हिन्दी है०
♫ रे-रे- मप-मग- रे-, म प-ध पपमग- म- ।
नि-ध- प मगरे- म-, ध-प- म ग-मरेग- ।।

अंतरा-1

सुनने में है लुभानी, गाने में है सुहानी ।
सबसे मधुर ये जानी, ब्रह्मा इसे तराशा ।। हिन्दी है०
♫ निनिध- प म- पध-प-, सां-नि- ध प- धपम- ।
रेरेरे- गप- म ग-म-, ध-प- मग- मरेग- ।। ध-प-

अंतरा-2

संस्कृत की ये सुता है, ऊर्दू की ये मीता है ।
मंगल सुसंगीता है, सुंदर ये हिन्दी भाषा ।। हिन्दी है०

अंतरा-3

हिन्दी ये वो जुबाँ है, जिस पर सभी लुभाँ हैं ।
दुनिया का हर सूबा ही, हिन्दी का है निबासा ।। हिन्दी है०

अंतरा-4

मनहर गुलों की क्यारी, बोली सभी से न्यारी ।
हिन्दी है सबको प्यारी, चाहे जो हो लिबासा ।। हिन्दी है०

२. विद्यादेवी सरस्वती

१५. देवी सरस्वती वंदना

समूह गान : भैरवी राग

रूपक ताल 14 मात्रा

स्थायी : देवी सरस्वती ज्ञान दो, हमको परम स्वर गान दो ।
हमरा अमर अभिधान हो, माँ शारदा वरदान दो ।।

अंतरा : 1. तेरी करें हम आरती, तेरे ही सुत हम भारती
सब विश्व का कल्याण हो, माँ शारदे वरदान दो ।।

2. तुम ही हो बुद्धि दायिनी, तुम ही महा सुख कारिणी ।
तुम ही गुणों की खान हो, माँ शारदे वरदान दो ।।

3. तेरी कृपा से काम हो, जग में न हम नाकाम हों ।
हमको न कभी अभिमान हो, माँ शारदे वरदान दो ।।

4. तुम हो कला की देवता, देवी हमें दो योग्यता ।
हमको हुनर परिधान हो, माँ शारदे वरदान दो ।।

** माँ शारदा वरदान दो, माँ शारदा वरदान दो, माँ शारदा वरदान दो ।।

This line comes at the end of the last Antara (No. 4) only.

तान

ग	म	म	म	–	पनि	पम	ग	ग	ग	ग	ग	ग	ग
दे	रे	रे	तुम	ऽ	तन	नन	त	न	न	दे	रे	ना	ना
ग	ग	ग	ग	–	पम	ग.ग	रे	रे	रे	रे	रे	रे	रे
दे	रे	रे	तुम	ऽ	तन	नन	त	न	न	दे	रे	ना	ना
रे	रे	रे	रे	–	मम	मम	म	सा	सा	सा	सा	सा	सा
दे	रे	रे	तुम	ऽ	तन	नन	त	न	न	दे	रे	ना	ना

आलापः

सां – रें सां – निध पम प – म ग – गप निप रे – रे रे – ग प प – म म –

स्थायी

		X			2		3		X			2		3	
सा	–	निध	नि	प	ग	–	ग	सा	म	–	प	म	–	सा	सा
दे	ऽ	वी	ऽ	स	र	ऽ	स्व	ती	ज्ञा	ऽ	न	दो	ऽ	ह	म
		म	–	प	ध	ध	रें	सां	ध	नि	प	ध	–	सा	सा
		को	ऽ	प	र	म	स्व	र	गा	ऽ	न	दो	ऽ	ह	म
		निध	नि	प	ग.	ग	ग	सा	म	–	प	म	–	सा	–
		राऽ	ऽ	अ	म	र	अ	भि	धा	ऽ	न	हो	ऽ	माँ	ऽ
		म	–	प	ध	–	रें	सां	ध	नि	प	ध	–	सा	–
		शा	ऽ	र	दा	ऽ	व	र	दा	ऽ	न	दो	ऽ	दे	ऽ

अंतरा–1

आलाप : देवी सरस्वती ज्ञान दो –

मग रेग म म म म – धप मप नि नि नि नि – , रें.गं सांनि ध – नि गं रें सां

	X			2		3		X			2		3	
सां	सां	–	सां	नि	सां	ध	नि	रें	–	रें	रें	–	निरें	गंमं
ते	री	ऽ	क	रें	ऽ	ह	म	आ	ऽ	र	ती	ऽ	माऽ	ऽऽ
	रें	–	गं	सां	नि	ध	नि	गंरें	गं	रें	सां	सां	सां	–
	ते	ऽ	रे	ऽं	हि	सु	त	हऽ	म	भा	ऽ	र	ती	ऽ
	रें	नि	नि	ध	प	प	प	निध	नि	प	म	–	प	प
	ते	ऽ	रे	ऽ	हि	सु	त	हम	भा	र	ति	ऽ	स	ब
	निध	नि	प	ग	–	ग	सा	म	–	प	म	–	सा	–
	विऽ	ऽ	श्व	का	ऽ	क	ऽ	ल्या	ऽ	ण	हो	ऽ	माँ	ऽ
	म	–	प	ध	–	रें	सां	ध	नि	प	ध	–	सा	–
	शा	ऽ	र	दा	ऽ	व	र	दा	ऽ	न	दो	ऽ	दे	ऽ
	निध	नि	प	ग	–	ग	सा	म	–	प	म	–		
	वीऽ	ऽ	स	र	ऽ	स्व	ती	ज्ञा	ऽ	न	दो	ऽ		

**** माँ शारदा वरदान दो, माँ शारदा वरदान दो, माँ शारदा वरदान दो । वरदान दो, वरदान दो ।**

		X			2		3		X			2		3	
म	–	म	–	म	म	–	म	म	ध	–	ध	ध	–	ध	–
माँ	ऽ	शा	ऽ	र	दा	ऽ	व	र	दा	ऽ	न	दो	ऽ	माँ	ऽ
		ध	–	ध	ध	–	ध	प	नि	–	नि	नि	–	नि	–
		शा	ऽ	र	दा	ऽ	व	र	दा	ऽ	न	दो	ऽ	माँ	ऽ
		नि	–	नि	नि	–	नि	ध	सां	–	रें	सां	–	–	–
		शा	ऽ	र	दा	ऽ	व	र	दा	ऽ	न	दो	ऽ	ऽ	ऽ

१६. जै जै स्वरदा माता

राग खमाज, कहरवा ताल

स्थायी

जै जै स्वरदा माता । देवी स्मरण तेरा भाता ।
दरशन तुमरे सुंदर । सुमिरन तुमरे मंगल ।
चाहे सब ध्याता । ॐ जै सरस्वती माता ।।

♫ म-म- ममम- गमप- । पध नीसांसां सांरेंसां नीधरे- ।
पधपध नीनीनीध पधमम । पधपध नीनीनीध पधमम ।
प-प- धप मगरे- । प- प- पपधप मगम- ।।

अंतरा-1

जो आवे गुण पाने । ध्यान लगाने का ।
देवी ज्ञान बढ़ाने का ।
तेरे दर पर पावे । झोली भर कर जावे ।
ध्येय सफल उसका । ॐ जै सरस्वती माता ।।

♫ पम मगपम मग पमम- । सांरेंसां नीध-पम प- ।
सांसां सांरेंसां नीध-पम प- ।
पधपध नीनी नीध पधम- । पधपध नीनी नीध पधम- ।
प-प पधप मगरे- । रे- प- पपधप मगम- ।।

अंतरा-2

जो आवे सुर पाने । गान बजाने का ।
देवी तान सजाने का ।
संगित नृत्य सिखाने । नाटय कला को दिखाने ।
मार्ग सरल उसका । ॐ जै सरस्वती माता ।।

अंतरा-3

जो प्यासा है कला का । चित्राकारी का ।
देवी शिल्पाकारी का ।
चौंसठ सारी कलाएँ । विद्या अष्ट लीलाएँ ।
साध्य सकल उसका । ॐ जै सरस्वती माता ।।

अंतरा-4

जो कवि गायक लेखक । वाङ्मय विरचेता ।
देवी सरगम रचयेता ।
साहित्य साधन पावे । बुद्धि का धन आवे ।

हेतु सबल उसका । ॐ जै सरस्वती माता ।।

अंतरा–5

शुभ्र वसन नथ माला । काजल का तिल काला ।
देवी हाथ कमल नीला ।
केयुर कंठी छल्ला । गजरा कुंदन ड़ाला ।
मुकुट है नग वाला । ॐ जै सरस्वती माता ।।

अंतरा–6

नारद किन्नर शंकर । तुमरे गुण गाते ।
देवी तुमरे ऋण ध्याते ।
भगत जो शरण में आता । भजन ये तुमरे गाता ।
मोक्ष अटल उसका । जै जै सरस्वती माता ।।

१७. वीणा वादिनी
राग देस

कहरवा ताल

स्थायी : सुरीली वीणा की तव तार, हटाए भगतन का मन भार ।

अंतरा : 1. मंगल सुंदर गान तिहारे, आकर दो दीदार ।
नयनन प्यासे प्यास बुझावे, पावन रूप तिहार ।।

2. ज्ञान की देवी दान कला का, परम तेरा उपकार ।
रूप सलोना हाथ में वीणा, शारद नाम तिहार ।।

3. जीवन ये संगीत सुहाना, गीत करो साकार ।
माँ ममता का दीप जगाके, दूर करो अंधकार ।।

स्थायी

	0				X				0				X			
ध	**मग**	**रे**	**ग**	**सा**	**–**	**मरे**	**–**	**म**	**प**	**–**	**ध**	**नि**	**ध**	**प**	**प**	**ध**
सु	रीऽ	ऽ	ली	ऽ	ऽ	वीऽ	ऽ	णा	की	ऽ	त	व	ता	ऽ	र	ह
	मग	**रे**	**ग**	**सा**	**–**	**मरे**	**म**	**म**	**प**	**–**	**ध**	**नि**	**ध**	**प**	**प**	**प**
	टाऽ	ऽ	ए	ऽ	ऽ	भग	त	न	का	ऽ	म	न	भा	ऽ	र	सु
	मग	**रे**	**ग**	**सा**	**–**	**मरे**	**–**	**म**	**प**	**–**	**ध**	**नि**	**ध**	**प**	**प**	**प**
	रीऽ	ऽ	ली	ऽ	ऽ	वीऽ	ऽ	णा	की	ऽ	त	व	ता	ऽ	र	ह

अंतरा–1

X				0				X				0			
–	निध	प	म	प	–	प	प	–	निध	प	म	प	–	प	–
ऽ	मंऽ	ग	ल	सुं	ऽ	द	र	ऽ	गाऽ	न	ति	हा	ऽ	रे	ऽ
–	मप	नि	नि	नि	सां	रें	नि	सां	–	–	प	नि	–	म	प
ऽ	आऽ	क	र	दो	ऽ	दी	ऽ	दा	ऽ	ऽ	ऽ	ऽ	ऽ	ऽ	र
–	मप	नि	नि	नि	सां	रें	नि	सां	–	–	–	–	–	सां	–
ऽ	आऽ	क	र	दो	ऽ	दी	ऽ	दा	ऽ	ऽ	ऽ	ऽ	ऽ	र	ऽ
–	पप	नि	सां	रें	–	रें	–	सां	–	रें	गं	नि	–	सां	–
ऽ	नय	न	न	प्या	ऽ	से	ऽ	प्या	ऽ	स	बु	झा	ऽ	वे	ऽ
–	नि	नि	नि	नि	–	सां	रें	सां	–	–	प	नि	–	म	प
ऽ	पा	व	न	रू	ऽ	प	ति	हा	ऽ	ऽ	ऽ	ऽ	ऽ	ऽ	र
–	नि	नि	नि	नि	–	सां	रें	नि	ध	प	ध	मग	रे	ग	सा
ऽ	पा	व	न	रू	ऽ	प	ति	हा	ऽ	र	सु	रीऽ	न	ली	ऽ

१८. शारदा वंदना

राग यमन कल्याण, कहरवा ताल

स्थायी

तन–मन धन सब अर्पण तुमको, कला काव्य का दर्पण तुम हो ।
जगत शारदा कहता है तुमको, दान ज्ञान का करती तुम हो ।।

♫ सांनि धध मंप गप मंधमंध मंधप–, गपग मं–ध प– नि–धप मंध प– ।
रेरेरे रे–गरे– गगमं– ग मंधप–, ग–प मं–प ध– निनिधप रेरे सा– ।।

अंतरा–1

हाथ में वीणा वाद्य विराजे, साम वेद की पुस्तक साजे ।
श्वेत वसन करे धारण तुमने, नील कमल पर आसन तुमरे ।।

♫ प–सां सां सां–सां– निरेंगं रेंनिरेंसां–, गं–रें सां–नि ध– गपगप मंधप– ।
रे–रे गगग गग मं–धप मंधप–, ग–मं पधध धध निधपप रेरेसा– ।।

अंतरा–2

कुंडल पायल मोती माला, हार मुकुट नथ काजल काला ।
कंचन वाले कंगन झुमके, हंस मयूर गौ आंगन तुमरे ।।

अंतरा–3

नारद किन्नर आन दुआरे, भगत करत स्तुति गान तुहारे ।
मोर मुकुट को शीश पे धारे, माधव हरि जगदीश पधारे ।।

१९. सरस्वती कृपा

दादरा ताल

स्थायी

ये मंगल औ सुंदर, है किरपा तिहारी । देवी! शारदे ।।

♫ म म–म– ग म–रे–, म म–म– गम–रे– । म–प म–गम– ।।

अंतरा–1

मेरी माँ! मेरी माँ! द्वार पे तेरे, आके खड़ा हूँ, देवी! ज्ञान दे ।

♫ मप ध॒–! नि॒ध॒– प–! पध॒– नि॒ ध॒–प–, प–ध॒ नि॒ध॒– प–! म–प म–ग म– ।

अंतरा–2

गरीमा गरीमा, अपारा तिहारी, भव में पड़ा हूँ, देवी! तार दे ।

अंतरा–3

तेरे बिना मैं, बीच भँवर में, कबसे खड़ा हूँ, देवी! ध्यान दे ।

अंतरा–4

सुनने को मंजुल, ये वीणा तिहारी, आतुर बड़ा हूँ, देवी! वागीशे ।

२०. झनक झनक वीणा झनकारी

राग : पूरिया धनाश्री, तीन ताल

स्थायी : झनक झनक वीणा झनकारी, मंजुल मंगल धुन है प्यारी ।

अंतरा : 1. छम् छम छम छम घुँघरू बोले, पायल रुम झुम पैंजन बाजे ।
साथ मंजीरा धुन हिय हारी ।।

2. सर् सर सर सर घुँघटा सरके, कुंडल चम–चम बिंदिया चमके ।
नाचत चंचल राधा गोरी ।।

स्थायी

0				3				X				2			
प	प	म॑	ग	म॑	ध॒	नि	रें॒	नि	ध॒	प	प	म॑ध॒	प	म॑	ग
झ	न	क	झ	न	क	वी	ऽ	णा	ऽ	झ	न	काऽ	ऽ	री	ऽ
प	–	म॑	ग	म॑	रे॒	ग	ग	म॑	ध॒	म॑	ग	रे॒	–	सा	–
मं	ऽ	जु	ल	मं	ऽ	ग	ल	धु	न	है	ऽ	प्या	ऽ	री	ऽ
प	प	म॑	ग	म॑	ध॒	नि	रें॒	नि	ध॒	प	प	म॑ध॒	प	म॑	ग
झ	न	क	झ	न	क	वी	ऽ	णा	ऽ	झ	न	काऽ	ऽ	री	ऽ

अंतरा-1

0				3				X				2			
–	म॑	ग	ग	म॑	म॑	ध	ध	धनि	सां	सां	–	नि	रें	सां	–
ऽ	छम्	छ	म	छ	म्	छ	म	घुँऽ	घ	रू	ऽ	बो	ऽ	ले	ऽ
–	नि	रें	गं	रेंगं	रें	सां	सां	नि	रें	नि	ध	नि	ध	प	–
ऽ	पा	य	ल	रुऽ	म	झु	म	पै	ऽ	ज	न	बा	ऽ	जे	ऽ
–	प–	म॑	ग	म॑	रे	ग	–	म॑	ध	नि	रें	धनि	ध	प	–
ऽ	साऽ	थ	मं	जी	ऽ	रा	ऽ	धु	न	म	न	हाऽ	ऽ	री	ऽ
प	प	म॑	ग	म॑	ध	नि	रें	नि	ध	प	प	म॑ध	प	म॑	ग
झ	न	क	झ	न	क	वी	ऽ	णा	ऽ	झ	न	का	ऽ	री	ऽ

स्थायी तान : झनक झनक वी ऽ

निरे गम॑ धनि रेंनि । धप म॑ग रेसा निसा

२१. संगीत दायिनी

स्थायी

हम ध्यान धरें माँ का, स्वर गान करें माँ का ।

अज्ञान परे करने, वर दान हमें दो माँ ।

स्वर ज्ञान हमें दो माँ, हम ध्यान धरें माँ का ।।

♫ सारे गपप धसांध पग रे-ग – – –, रेरे ग-प पधसां धप गरे- – – – ।

प-प-प पध- पमगरे- – – –, गप ध-सां धप- ग- रे- – – – – – ।

सारे गपप धसांध पग रे- – – – – –, रेरे ग-प पधसां धप गरे- – – – ।।

अंतरा-1

संगीत की देवी तू, काव्य कला रस सेवी ।

हर कारीगर की माता, पावन सरगम सरिता ।

सुर सुंदर की मूर्ति, कवि की तन्मय स्फूर्ति ।

तुझसे चिन्मय धरती, कल्याण करो माता ।

निस्तार करो माता, हम ध्यान धरें माँ का ।।

♫ प-प-प प धपमग मप- – – –, प-प पप- धप मपध- – – – – ।

पध ध-प-धध प- प-म- – –, पधपप पपगरे गरेसा- – – – – ।

सारे ग-पप धसां धपग- – – – – –, सारे गप प-पध सांधपग- – – – ।

सारेगप- प-पध सांधपग- – – –, ध-रें-रें सांध- पधपगरे- – – ।

सारेग-प धसांध पगरेग – – –, रेरे ग-प पधसां धप गरे- – – – ।।

अंतरा–2

वचनों की रानी तू, निर्मल अमृत वाणी ।
ज्ञान की अक्षय दानी, कोई नहीं तव सानी ।
देव देवता सारे, ऋषि–मुनि कवि जन भारे ।
कहते बाँह पसारे, आधार करो माता ।
उद्धार करो माता, हम ध्यान धरें माँ का ।।

२२. सरस्वती सुमिरण

स्थायी : मंगल सुंदर सुमिरण प्यारे, सुखकर वंदन देवी तिहारे ।।

अंतरा : 1. सुन कर विणा तार सुखारे, भगतन सारे शरण तुम्हारे ।।

2. सरस्वती माता ज्ञान की दाती, शुभ वर दे दे परम पियारे ।।

3. हम बालक हैं गोद में तेरी, ममता से तू हमको निहारे ।।

स्थायी

x				0				x				0			
–	पर्म	रे	रे	ग	–	ग	ग	–	पर्म	रे	रे	ग	–	ग	–
ऽ	मंऽ	ग	ल	सुं	ऽ	द	र	ऽ	सुमि	र	ण	प्या	ऽ	रे	ऽ
ऩि	ऩि	रे	रे	र्म	र्म	र्म	र्म	–	र्मध	नि	ध	प	–	र्म	ग
सु	ख	क	र	वं	ऽ	द	न	ऽ	देऽ	वी	ति	हा	ऽ	रे	ऽ
–	पर्म	रे	रे	ग	–	ग	ग	–	पर्म	रे	रे	ग	रे	सा	–
ऽ	मंऽ	ग	ल	सुं	ऽ	द	र	ऽ	सुमि	र	ण	प्या	ऽ	रे	ऽ

अंतरा

x				0				x				0			
–	पग	प	प	सां	–	सां	–	–	सांसां	नि	ध	ध	सां	नि	प
ऽ	सुन	क	र	वि	ऽ	णा	ऽ	ऽ	ताऽ	र	सु	खा	ऽ	रे	ऽ
–	पग	प	प	निसां	रें	सां	–	–	सांसां	नि	ध	ध	सां	नि	प
ऽ	सुन	क	र	विऽ	ऽ	णा	ऽ	ऽ	ताऽ	र	सु	खा	ऽ	रे	ऽ
–	निगं	रें	सां	सां	नि	ध	प	–	र्मध	नि	ध	प	–	र्म	ग
ऽ	भग	त	न	सा	ऽ	रे	ऽ	ऽ	शर	ण	तु	म्हा	ऽ	रे	ऽ

३. लक्ष्मी नारायण

२३. लक्ष्मी देवी वंदना

स्थायी : जय लक्ष्मी धनदायिनी जय हो, जन गण जीवन शुभ सुख कर हो ।
जय जननी वर दायिनी वर दो, सत् चित से मम तन मन भर दो ।

अंतरा :
1. कर कमलों में पद्म तिहारे, लाल कमल पर पद हैं तुम्हारे ।
2. केयूर कंठी मुंदरी माला, हार मुकुट नथ काजल काला ।
3. धन की राशी कर में तुम्हारे, भाग जगाती पल में हमारे ।
4. जय जय देवी जय जगदंबे, तेरी शरण में भगतन बंदे ।

स्थायी

0				3				X				2			
ग	**म**	**प**	**सां**	**नि**	**–**	**प**	**प**	**प**	**म॑**	**ग**	**म**	**ग**	**रे**	**सा**	**–**
ज	य	ल	क्ष्	मी	ऽ	ध	न	दा	ऽ	यि	नि	ज	य	हो	ऽ
नि़	**प़**	**नि़**	**नि़**	**सा**	**–**	**सा**	**सा**	**प**	**म॑**	**ग**	**म**	**ग**	**ग**	**(रे)सा**	**–**
ज	न	ग	ण	जी	ऽ	व	न	शु	भ	सु	ख	क	र	हो	ऽ
ग	**म**	**प**	**सां**	**नि**	**–**	**प**	**प**	**प**	**म॑**	**ग**	**म**	**ग**	**रे**	**सा**	**–**
ज	य	ज	न	नी	ऽ	व	र	दा	ऽ	यि	नी	व	र	दो	ऽ
नि़	**प़**	**नि़**	**नि़**	**सा**	**–**	**सा**	**सा**	**प**	**म॑**	**ग**	**म**	**ग**	**ग**	**(रे)सा**	**–**
स	त्	चि	त	से	ऽ	म	म	त	न	म	न	भ	र	दो	ऽ
ग	**म**	**प**	**सां**	**नि**	**–**	**प**	**प**	**प**	**म॑**	**ग**	**म**	**ग**	**रे**	**सा**	**–**
ज	य	ल	क्ष्	मी	ऽ	ध	न	दा	ऽ	यि	नि	ज	य	हो	ऽ

अंतरा–1

0				3				X				2			
ग	**म**	**प**	**नि**	**सां**	**–**	**सां**	**–**	**सां**	**सां**	**सां**	**सां**	**नि**	**रें**	**सां**	**–**
क	र	क	म	लों	ऽ	में	ऽ	प	द्	म	ति	हा	ऽ	रे	ऽ
सां	**–**	**गं**	**मं**	**गं**	**रें**	**नि**	**सां**	**ग**	**म**	**प**	**म**	**ग**	**रे**	**सा**	**–**
ला	ऽ	ल	क	म	ल	प	र	प	द	हैं	तु	म्हा	ऽ	रे	ऽ
ग	**म**	**प**	**सां**	**नि**	**–**	**प**	**प**	**प**	**म॑**	**ग**	**म**	**ग**	**रे**	**सा**	**–**
ज	य	ल	क्ष्	मी	ऽ	ध	न	दा	ऽ	यि	नि	ज	य	हो	ऽ

२४. भाग्य लक्ष्मी वंदना

स्थायी : भाग्य लक्ष्मी चंचल देवी,
सिद्धि दायिनी ताप हारिणी ।
सुंदर मंगल आरती तेरी ।।

अंतरा : 1. पावन मूरत सूरत प्यारी,
धन की देवी मन को सुखारी ।

2. कंगन कुंडल कुंदन कंठी,
पैंजन अंगद बिंदी मुंदरी ।

3. बाजत ढोलक घुँघरू घंटी,
गात हैं संत महंत पुजारी ।

4. नारद शारद पुष्प की वृष्टि,
कुबेर किन्नर शंकर गौरी ।

<u>स्थायी</u>

0				3				X				2			
ग	**–**	**ग**	**प**	**रे**	**रे**	**सा**	**रे**	**प**	**–**	**म॑**	**ग**	**रे**	**–**	**सा**	**–**
भा	ऽ	ग्य	ल	ऽ	क्ष्	मी	ऽ	चं	ऽ	च	ल	दे	ऽ	वी	ऽ
नि़	**ध़**	**नि़**	**रे**	**म॑**	**म॑**	**म॑**	**–**	**म॑**	**ध**	**नि**	**ध**	**म॑**	**ध**	**प**	**–**
सि	ऽ	द्धि	दा	ऽ	यि	नी	ऽ	ता	ऽ	प	हा	ऽ	रि	णी	ऽ
सां	**–**	**नि**	**ध**	**प**	**–**	**म॑**	**ग**	**ग**	**रे**	**ग**	**प**	**रे**	**–**	**सा**	**–**
सुं	ऽ	द	र	मं	ऽ	ग	ल	आ	ऽ	र	ती	ते	ऽ	री	ऽ
ग	**–**	**ग**	**गप**	**रे**	**रे**	**सा**	**रे**	**ग**	**रे**	**म॑**	**प**	**रे**	**–**	**सा**	**–**
भा	ऽ	ग्य	लऽ	ऽ	क्ष्	मी	ऽ	चं	ऽ	च	ल	दे	ऽ	वी	ऽ

<u>अंतरा–1</u>

0				3				X				2			
प	**–**	**म॑**	**ग**	**म॑**	**–**	**ध**	**म॑**	**सां**	**–**	**नि**	**ध**	**नि**	**रें**	**सां**	**–**
पा	ऽ	व	न	मू	ऽ	र	त	सू	ऽ	र	त	प्या	ऽ	री	ऽ
नि	**ध**	**नि**	**रें**	**निरें**	**गरें**	**सां**	**–**	**नि**	**ध**	**म॑**	**प**	**रे**	**–**	**सा**	**–**
ध	न	की	ऽ	देऽ	ऽऽ	वी	ऽ	म	न	को	सु	खा	ऽ	री	ऽ
ग	**–**	**ग**	**गप**	**रे**	**रे**	**सा**	**रे**	**ग**	**रे**	**म॑**	**प**	**रे**	**–**	**सा**	**–**
भा	ऽ	ग्य	लऽ	ऽ	क्ष्	मी	ऽ	चं	ऽ	च	ल	दे	ऽ	वी	ऽ

२५. लक्ष्मी देवी आरती

राग मालकंस, कहरवा ताल 8 मात्रा

स्थायी

तेरी आरती करूँ लछमी देवी । वर दान तेरा हमें भाता है ।।

♫ मम गमगसा निसा धनिसा– म–म– । मग म–म गसा– धनि सागमग सा– ।

अंतरा–1

दरशन तेरा शुभ मंगल है । तू, धन दाती जग माता है ।।

♫ गगमम ध–नि– सांसां सां–गंनि सां– । नि–, निनि नि–नि– धनि सांनिधम गसा ।।

अंतरा–2

बालक हम हैं देवी तेरे । देवी, जनम–जनम का नाता है ।।

अंतरा–3

शेष शायी आसन तेरा है । जो, शीश हमारा नवाता है ।।

अंतरा–4

मन से करता पूजा तेरी । देवी, सब कुछ वो नर पाता है ।।

अंतरा–5

सुमिरन तेरा सुख देता है । मन, बार–बार हमें आता है ।।

अंतरा–6

धन की राशी कर में तिहारे । देवी, प्यार तेरा हमें भाता है ।।

अंतरा–7

तेरी किरपा का जो प्यासा । देवी, तेरे दुआरे आता है ।।

२६. लक्ष्मी नारायण जयकारा

कहरवा ताल 8 मात्रा

स्थायी

लक्ष्मी देवी की जय बोलो, जय श्री विष्णु हरि हरि! ।
प्रसाद खा लो, तीरथ पी लो, आरती गा लो घड़ी–घड़ी ।।

♫ रे–ग– म–म– प– पप प–प–, धध प– प–प– पध– पध–! ।
सांनि–ध प–ध–, नि–धप म– प–, म–गरे ग– म– पध– पम– ।।

अंतरा–1

पूजा पाठ को ध्यान से करना, रीत प्रभु की बड़ी कड़ी ।
बंधु भाई सत् जन सारे, साथ स्नेह की लड़ी लड़ी ।।

♫ रे–ग म–म म– प–म ग रेगम–, ध–प मग– म– पध– पध– ।
ध–प म–प– धध पम ग–रे–, म–ग रे–ग म– पध– पम– ।।

अंतरा-2

व्रत पूजा का फल है मीठा, किस्मत करता हरी भरी ।
निश-दिन बोलो लक्ष्मी नारायण, गाँठ खुलेगी अड़ी अड़ी ।।

अंतरा-3

पाप जला लो, पुण्य कमा लो, जप में जादू खरी खरी ।
यज्ञ मना लो, भाग्य जगा लो, बरसे अमृत झड़ी झड़ी ।।

अंतरा-4

नारायण का नाम सिमर ले, आवन जावन खड़ी-खड़ी ।
कृष्ण प्रभु का नाम ले रसना, मुख में निठल्ली पड़ी पड़ी ।।

२७. ब्रह्मा विष्णु महेश भजन

भजन : कहरवा ताल 8 मात्रा

स्थायी

आदि ब्रह्म है, मध्य विष्णु है, अन्त सबका महेश है ।
कर्म राम है, धर्म कृष्ण है, ज्ञान सबका गणेश है ।।

♫ रे-ध प-म ग-, रे-प म-ग म-, सांनि धपम- गम-ग रे- ।
म-ग प-म ग-, ध-प म-ग म-, नि-ध पमग- गम-ग रे ।।

अंतरा-1

ब्रह्मा है लाता, विष्णु जगाता, सबको लेजाता महेश है ।
राम रमाता, मन में समाता, ज्ञान का सोता गणेश है ।।

♫ निसा रे सा-नि-, गम पम-ग-, ध-नि सांनि-ध- पम-ग रे- ।
गम पम-ग-, पप ध निध-प-, नि-ध प ध-म- गम-ग रे- ।।

अंतरा-2

ब्रह्म विधाता, विष्णु है धाता, मुक्ति का दाता महेश है ।
राम निभाता, श्याम है भाता, बुद्धि बढ़ाता गणेश है ।।

अंतरा-3

ब्रह्म अनंता, विष्णु नियंता, विश्व का अंता महेश है ।
रघु बलवंता, हरि भगवंता, एकदंता गणेश है ।।

अंतरा-4

ब्रह्मा है मंडन, विष्णु है स्पंदन, जगत निकंदन महेश है ।
राम रघुनंदन, हरि जगवन्दन, सब स्वर व्यंजन गणेश है ।।

२८. लक्ष्मीनारायण पूजन

स्थायी

तेरे पूजन से भगवान, होते पूरण सबके काम ।

♫ सोसा- रे-रेरे ग- रेगम-म, गमग- प-मग रेगरे सा-सा ।

अंतरा–1

जिसने माया तेरी जानी, उसने छाया तेरी पानी ।
तेरे गाते को नित गान, उनके पूरण हैं सब काम ।।

♫ रे-मममम- म-म- प-मग रे-ग-, पपम- ग-रे- म-गरे सा-रे- ।
सानि़ध़- नि़-नि़नि़ सासा सारेग-ग, रेगरे- म-गरे ग- रेग सा-सा ।।

अंतरा–2

सत्य कथा को जिसने गाया, व्रत के फल को उसने पाया ।
होकर सफल मेरे अरमान, उसके पूरण हैं सब काम ।

अंतरा–3

नाम को तेरे जिसने माना, तेरे मन को उसने जाना ।
पाकर तेरा ही फरमान, उसके पूरण हैं सब काम ।

अंतरा–4

पूजन तेरा जिसको भाया, उसने जानी तेरी माया ।
फिर पाकर शुभ अंजाम, उसके पूरण हैं सब काम ।

४. विघ्नहर्ता गणेश

२९. श्री गणेशाय नमः

गजाननः कलादेवो नृत्यसंगीतशिल्पकः ।
ददाति स कलाधीशः ज्ञानं बुद्धिं च कौशलम् ।।
♫ मग-मप- धप-म-ग-, ग-मनि-सां-सांनि-धप- ।
गप-म प- धसांनि-ध-, म-म प-प ध प-मग- ।।

स्थायी : सुंदर दर्शन सुमिरण प्यारे,
सुखमय गान गणेश तुम्हारे ।

अंतरा : 1. गणपति बाप्पा परम पियारे, गण नायक विघ्नेश दुलारे ।
2. निहार सुंदर काम सुखारे, भगतन आते चरण तिहारे ।

स्थायी

0				3				X				2			
नि	–	प	प	रे	रे	सा	सा	ग	रे	म॑	धप	रे	–	सा	–
सुं	ऽ	द	र	द	र्	श	न	सु	मि	र	णऽ	प्या	ऽ	रे	ऽ
नि़	नि़	रे	रे	ग	–	म॑	म॑	नि	ध	प	प	रे	–	सा	–
सु	ख	क	र	गा	ऽ	न	ग	णे	ऽ	श	तु	म्हा	ऽ	रे	ऽ
नि	–	प	प	रे	–	सा	सा	ग	रे	म॑	धप	रे	–	सा	–
सुं	ऽ	द	र	द	र्	श	न	सु	मि	र	णऽ	प्या	ऽ	रे	ऽ

अंतरा-1

0				3				X				2			
प	ग	प	प	सां	–	सां	–	नि	ध	नि	रें	नि	रें	सां	–
ग	ण	प	ति	बा	ऽ	प्पा	ऽ	प	र	म	पि	या	ऽ	रे	ऽ
सां	गं	रें	सां	सां	नि	ध	प	ग	म॑	ध	प	रे	–	सा	–
ग	ण	ना	ऽ	य	क	वि	घ्	ने	ऽ	श	दु	ला	ऽ	रे	ऽ
नि	–	प	प	रे	–	सा	सा	ग	रे	म॑	धप	रे	–	सा	–
सुं	ऽ	द	र	द	र्	श	न	सु	मि	र	णऽ	प्या	ऽ	रे	ऽ

स्थायी तान : सुंदर दर्शन
नि़रे गम॑ पध निरें । सांनि धप म॑ग रेसा

३०. गणपति बाप्पा गजानना

कहरवा ताल

स्थायी : गणपति बाप्पा गजानना, सिद्धि विनायक गज वदना ।।

अंतरा :

1. शंकर सुवना वरानना, गौरी मनोहर प्रभंजना,
दुख हर ले तू निकंदना ।।
2. शुभ वर दे दे शुभानना, लंबोदर शिव सुनंदना,
सब कुछ तू ही सनातना ।।
3. कीर्तन तेरा सुहावना, एक दंती श्री निरंजना,
जन गण करते हैं वंदना ।।

स्थायी

X				0				X				0			
सा	रे	म	ग	म	–	म	–	म	ग	सा	रे	ग	–	–	–
ग	ण	प	ति	बा	ऽ	प्पा	ऽ	ग	जा	–	न	ना	ऽ	ऽ	ऽ
सा	रे	म	ग	म॑	म	म	–	म	ग	सा	रे	ग	–	–	–
ग	ण	प	ति	बा	ऽ	प्पा	ऽ	ग	जा	–	न	ना	ऽ	ऽ	ऽ
नि	सा	सा	सा	सा	रे	ग	प	ग	रे	ग	रे	सा	–	–	–
सि	ऽ	द्धि	वि	ना	ऽ	य	क	ग	ज	व	द	ना	ऽ	ऽ	ऽ

अंतरा–1

X				0				X				0			
ग	–	म	प	प	प	प	–	प	पध	नि	ध	प	–	म	ग
शं	ऽ	क	र	सु	व	ना	ऽ	व	राऽ	ऽ	न	ना	ऽ	ऽ	ऽ
ग	–	म	प	प	प	प	–	प	पध	सां	ध	प	–	–	–
शं	ऽ	क	र	सु	व	ना	ऽ	व	राऽ	ऽ	न	ना	ऽ	ऽ	ऽ
ध	–	ध	ध	प	–	म	म	ग	पग	रे	सा	सा	–	–	–
गौ	ऽ	री	म	नो	ऽ	ह	र	प्र	भंऽ	ऽ	ज	ना	ऽ	ऽ	ऽ
ध	ध	ध	ध	प	–	म	–	ग	पग	रे	सा	सा	–	–	–
दु	ख	ह	र	ले	ऽ	तू	ऽ	नि	कं	ऽ	द	ना	ऽ	ऽ	ऽ
सा	रे	म	ग	म	–	म	–	म	ग	सा	रे	ग	–	–	–
ग	ण	प	ति	बा	ऽ	प्पा	ऽ	ग	जा	–	न	ना	ऽ	ऽ	ऽ
नि	सा	सा	सा	सा	रे	ग	प	ग	रे	ग	रे	सा	–	–	–
सि	ऽ	द्धि	वि	ना	ऽ	य	क	ग	ज	व	द	ना	ऽ	ऽ	ऽ

३१. गणपति देवा

कहरवा ताल

स्थायी : गणपति गणपति गणपति देवा!
कोई लाए मोदक कोई लाए मेवा ।।

अंतरा : 1. गणपति गणपति गणपति देवा!
कोई करे भगति तो कोई करे सेवा ।।

2. भजनन किरतन बहुविध देवा!
लंबोदर लंबोदर लंबोदर देवा ।।

3. मुनि जन करियत जप तप सेवा,
गजमुख गजमुख गजमुख देवा ।।

4. अर्पण सब तव चरणन देवा!
गौरीसुत गौरीसुत गौरीसुत देवा ।।

स्थायी

X				0				X				0			
म	**प**	**प**	**म**	**प**	**ध**	**ध**	**प**	**पध**	**नि**	**नि**	**नि**	**नि**	**ध**	**ध**	–
ग	ण	प	ति	ग	ण	प	ति	गऽ	ण	प	ति	दे	ऽ	वा	ऽ
ग	**ग**	**ग**	**ग**	**म**	–	**प**	**प**	**नि**	**ध**	**प**	**म**	**म**	–	**म**	–
को	ई	ला	ए	मो	ऽ	द	क	को	ई	ला	ए	मे	ऽ	वा	ऽ
ग	**ग**	**ग**	**ग**	**म**	–	**प**	**सां**	**नि**	**ध**	**प**	**म**	**म**	–	**म**	–
को	ई	ला	ए	मो	ऽ	द	क	को	ई	ला	ए	मे	ऽ	वा	ऽ
म	**प**	**प**	**म**	**प**	**ध**	**ध**	**प**	**पध**	**नि**	**नि**	**नि**	**नि**	**ध**	**ध**	–
ग	ण	प	ति	ग	ण	प	ति	गऽ	ण	प	ति	दे	ऽ	वा	ऽ

अंतरा-1

X				0				X				0			
ध	**ध**	**नि**	**सां**	**सां**	**सां**	**सां**	**नि**	**नि**	**रें**	**रें**	**मं**	**रें**	–	**सां**	–
ग	ण	प	ति	ग	ण	प	ति	ग	ण	प	ति	दे	ऽ	वा	ऽ
ग	**ग**	**ग**	**ग**	**म**	**म**	**प**	**प**	**नि**	**ध**	**प**	**म**	**म**	–	**म**	–
को	ई	क	रे	भ	ग	ति	तो	को	ई	क	रे	से	ऽ	वा	ऽ
ग	**ग**	**ग**	**ग**	**म**	**म**	**प**	**सां**	**नि**	**ध**	**प**	**म**	**म**	–	**म**	–
को	ई	क	रे	भ	ग	ति	तो	को	ई	क	रे	से	ऽ	वा	ऽ
म	**प**	**प**	**म**	**प**	**ध**	**ध**	**प**	**पध**	**नि**	**नि**	**नि**	**नि**	**ध**	**ध**	–
ग	ण	प	ति	ग	ण	प	ति	गऽ	ण	प	ति	दे	ऽ	वा	ऽ

३२. पार्वती नंदन गणेश

राग खमाज, कहरवा ताल 8 मात्रा

स्थायी

पार्वती नंदन, हे जग वन्दन, दया निधान ।
आरती चंदन, तुम्हें प्रणाम ।।

♫ ग-रेग म-मम, प- मग रे-गग, गम- पम-म ।
प-मग म-गरे, मग- रेसा-सा ।।

अंतरा-1

ज्ञान देवता, ध्यान विधाता, हे भव नाथा, मंगल दाता ।
मोदक मेवा पुष्प गुलाब, हे मन रंजन, तुम्हें प्रणाम ।।

♫ सा-रे ग-रेग-, रे-ग मग-म-, प- मग रे-ग-, म-गरे सा-सा ।
प-मग रे-ग- ग-म पम-म, प- मग म-गरे, मग- रेसा-सा ।।

अंतरा-2

नारद तुंबर, गात हैं शंकर, डोलत गूँजत, धरती अंबर ।
बाँसुरी सुंदर कृष्ण कुमार, पुण्य गजानन! तुम्हें प्रणाम ।।

अंतरा-3

कटि पीतांबर, पाँव में पैंजन, मुकुट शीश पर, कानन कुँडल ।
गल में सुंदर मोतियन हार, हे दुख भंजन, तुम्हें प्रणाम ।।

३३. आदिनाथ गणेश

कहरवा ताल 8 मात्रा

स्थायी

आदि नाथ, आदि नाथ, आदि नाथ मेरा ।
सुख कारी, दुख हारी, शुभ बहुतेरा ।।

♫ प-प प-प, प-प प-प, प-म प-म ग-म- ।
पप- मग-, मम- गसा-, सासा- गग म-ग- ।।

अंतरा-1

साधु संत, ज्ञानवंत, करे तेरी पूजा,
तेरे जैसा दाता कोई और नहीं दूजा ।
करें ध्यान, करें मान, करें गान तेरा,
आदि नाथ, आदि नाथ, आदि नाथ मेरा ।।

♫ सा–सा रे–रे, ग–गम–म, पप– मग– रे–ग–,
मम– पप– मम– गग– म–ग रेग– म–प– ।
पप– प–प, पप– प–प, पम– प–म ग–म– ।
प–प म–ग, म–म गसा–, सा–सा ग–ग म–ग– ।।

अंतरा–2

वक्र तुंड, एक दंत, छवि तेरी प्यारी,
देवे ऋद्धि, देवे सिद्धि, देवे बुद्धि न्यारी ।
तुही राम, तूही श्याम, तूही प्राण मेरा,
आदि नाथ, आदि नाथ, आदि नाथ मेरा ।।

अंतरा–3

तू अनंत, तू दिगंत, मूर्तिमंत धाता,
तू ही बंधु, तू ही ताता, तू ही मेरी माता ।
तूही रम्य, तूही गम्य, तू अनन्य देवा!
आदि नाथ, आदि नाथ, आदि नाथ मेरा ।।

३४. आदिदेव श्रीगणेश वंदना

कहरवा ताल, 8 मात्रा

स्थायी : श्री गणेश आदि पूज्य, लंबोदर पूजिये ।
एकदंत के सहस्त्र, शुभ नाम जपिये ।।

अंतरा : 1. पुष्प पत्र धूप तोय, मोदकों का भोग हो ।
भक्ति भाव नाम जाप, साधु संत संग हो ।
ढोल तंबूरा मृदंग, घूँघरू का साज हो ।
जै महेश जै सुरेश, जै गणेश बोलिये ।।

2. मुख में हो एक नाम, वक्रतुंड वंद्य हो ।
मन में वो सुभो–शाम, दयावंत रम्य हो ।
ज्ञान का जो सोता है, ध्यान से है गम्य जो ।
अज्ञान को धोता है, उसी के हम हो लिये ।।

स्थायी

x				0				x				0			
सा	**ऩि**	**सा**	**सा**	**रे**	**रे**	**रे**	**रे**	**ग**	**म**	**ग**	**रे**	**सा**	**ऩि**	**सा**	**सा**
श्री	ग	णे	श	आ	दि	पू	ज्य	लं	बो	द	र	पू	जि	ये	ऽ
ग	**म**	**ग**	**रे**	**ग**	**रे**	**रे**	**रे**	**ग**	**म**	**ग**	**रे**	**सा**	**ऩि**	**सा**	–
ए	क	दं	त	के	स	ह	स्त्र	शु	भ	ना	म	ज	पि	ये	ऽ

अंतरा–1

x				0				x				0			
रे	**रे**	**म**	**म**	**म**	**प**	**प**	**प**	**म**	**प**	**ध**	**प**	**म**	**ग**	**रे**	–
पु	ष्प	प	त्र	धू	प	तो	य	मो	द	कों	का	भो	ग	हो	ऽ
ऩि	**सा**	**रे**	**रे**	**ग**	**रे**	**ग**	**ग**	**ग**	**म**	**ग**	**रे**	**सा**	**सा**	**सा**	**ऽ**
भ	क्ति	भा	व	ना	म	जा	प	सा	धु	सं	त	सं	ग	हो	ऽ
सा	**ऩि**	**सा**	**सा**	**रे**	**रे**	**रे**	**रे**	**ग**	**म**	**ग**	**रे**	**सा**	**ऩि**	**सा**	**सा**
ढो	ल	तं	बू	रा	मृ	दं	ग	घूँ	घ	रू	का	सा	ज	हो	ऽ
ग	**म**	**ग**	**रे**	**ग**	**रे**	**रे**	**रे**	**ग**	**म**	**ग**	**रे**	**सा**	**ऩि**	**सा**	–
जै	म	हे	श	जै	सु	रे	श	जै	ग	णे	श	बो	लि	ये	ऽ

३५. ईशाय विघ्नेश्वराय नमः

शोकहर छंद : कहरवा ताल

स्थायी : ईशाय, विघ्नेश्वराय, जगदीश्वराय, सत् ओम् ।
दैवाय, विश्वंकराय, भुवनेश्वराय, सत् ओम् ।।

अंतरा : 1. रुद्राय, शिवशंकराय, दुखभंजनाय, हर ओम् ।
भद्राय, गंगाधराय, श्री त्र्यंबकाय, हर ओम् ।।

2. रामाय, रघुनंदनाय, मधुचंदनाय, हरि ओम् ।
रामाय, सीतावराय, पुरुषोत्तमाय, हरि ओम् ।।

3. श्यामाय, बंसीधराय, पीतांबराय, जय ओम् ।
कृष्णाय, राधावराय, दामोदराय, जय ओम् ।।

4. विघ्नहर्ता गणेश

स्थायी

X				0				X				0			
सा	**म**	**–**	**म**	**–**	**–**	**रे**	**म**	**प**	**–**	**ध**	**प**	**म**	**म**	**रे**	**म**
ई	शा	ऽ	य	ऽ	ऽ	वि	ऽ	घ्ने	ऽ	श्व	रा	ऽ	य	ज	ग
प	**–**	**ध**	**प**	**म**	**म**	**रे**	**म**	**प**	**–**	**–**	**प**	**–**	**–**	**–**	**–**
दी	ऽ	श्व	रा	ऽ	य	स	त्	ओ	ऽ	ऽ	म्	ऽ	ऽ	ऽ	ऽ
ध	**ध**	**–**	**ध**	**–**	**–**	**सा**	**ध**	**प**	**–**	**ध**	**प**	**म**	**म**	**रे**	**म**
दै	वा	ऽ	य	ऽ	ऽ	वि	श्	वं	ऽ	क	रा	ऽ	य	भु	व
प	**–**	**ध**	**प**	**म**	**म**	**रे**	**ध**	**प**	**–**	**–**	**म**	**–**	**–**	**–**	**–**
ने	ऽ	श्व	रा	ऽ	य	स	त्	ओ	ऽ	ऽ	म्	ऽ	ऽ	ऽ	ऽ

अंतरा–1

X				0				X				0			
सां	**सां**	**–**	**सां**	**–**	**–**	**ध**	**सां**	**रें**	**–**	**रें**	**रें**	**–**	**रें**	**रें**	**रें**
रु	द्रा	ऽ	य	ऽ	ऽ	शि	व	शं	ऽ	क	रा	–	य	दु	ख
रें	**–**	**रें**	**रें**	**–**	**गं**	**रें**	**सां**	**सां**	**–**	**–**	**सां**	**–**	**–**	**–**	**–**
भं	ऽ	ज	ना	ऽ	य	ह	र	ओ	ऽ	ऽ	म्	ऽ	ऽ	ऽ	ऽ
ध	**ध**	**–**	**ध**	**–**	**–**	**ध**	**–**	**प**	**–**	**ध**	**प**	**म**	**म**	**रे**	**म**
भ	द्रा	ऽ	य	ऽ	ऽ	गं	ऽ	गा	ऽ	ध	रा	ऽ	य	प्र	भु
प	**–**	**ध**	**प**	**म**	**म**	**रे**	**ध**	**प**	**–**	**–**	**म**	**–**	**–**	**–**	**–**
त्र्यं	ऽ	ब	का	ऽ	य	ह	र	ओ	ऽ	ऽ	म्	ऽ	ऽ	ऽ	ऽ
म	**म**	**–**	**म**	**–**	**–**	**रे**	**म**	**प**	**–**	**ध**	**प**	**म**	**म**	**रे**	**म**
ई	शा	ऽ	य	ऽ	ऽ	वि	ऽ	घ्ने	ऽ	श्व	रा	ऽ	य	स	त्

५. शिव-पार्वती-गणेश

३६.पिता महादेवा !

कहरवा ताल

स्थायी : पिता महादेवा, माता पार्वती, पावन पुत्र गणेशा ।

अंतरा :1. शंभो शंकर, हे मन भावन, तेरा कीर्जन सब से पावन ।
जय जय जय गण नाथा ।।

2. दुर्गे देवी, गौरी भवानी, तेरी माया है जग जानी ।
जय जय जय जग माता ।।

3. बुद्धि दायक, सिद्धि विनायक, तेरी किरपा है सुख दायक ।
जय जय जय गुण दाता ।।

स्थायी

X				0				X				0			
ग	सा	ग	ग	म	–	म	–	ग	सा	ग	ग	म	म	म	–
पि	ता	म	हा	दे	ऽ	वा	ऽ	मा	ऽ	ता	पा	र्	व	ती	ऽ
प	सां	सां	सां	नि	प	म	ग	प	–	–	–	म	–	–	–
पा	ऽ	व	न	पु	ऽ	त्र	ग	णे	ऽ	ऽ	ऽ	शा	ऽ	ऽ	ऽ

अंतरा–1

X				0				X				0			
नि	–	नि	–	नि	–	नि	सां	ध	–	म	म	प	–	ध	ध
शं	ऽ	भो	ऽ	शं	ऽ	क	र	हे	ऽ	म	न	भा	ऽ	व	न
नि	–	नि	–	नि	–	नि	सां	ध	ध	म	–	प	–	ध	ध
ते	ऽ	रा	ऽ	की	ऽ	र्ज	न	स	ब	से	ऽ	पा	ऽ	व	न
ग	ग	ग	ग	म	म	प	ध	म	–	–	–	म	–	–	–
ज	य	ज	य	ज	य	ग	ण	ना	ऽ	ऽ	ऽ	था	ऽ	ऽ	ऽ
ग	सा	ग	ग	म	–	म	–	ग	सा	ग	ग	म	म	म	–
पि	ता	म	हा	दे	ऽ	वा	ऽ	मा	ऽ	त	पा	र्	व	ती	ऽ
प	सां	सां	सां	नि	प	म	ग	प	–	–	–	म	–	–	–
पा	ऽ	व	न	पु	ऽ	त्र	ग	णे	ऽ	ऽ	ऽ	शा	ऽ	ऽ	ऽ

३७. ॐ नमः शिवाय

कहरवा ताल

स्थायी : जै जै जै जै भक्तों बोलो, ओम् नमः शिवाय ।
ओम् नमः शिवाय, ओम् नमः शिवाय ।
ओम् नमः शिवाय, ओम् नमः शिवाय ।।

अंतरा : 1. शिव ललाट पे चंदा साजे । जटा काली में गंग विराजे ।
डम डम डम डम डमरू बाजे । गूँजे नारा, नमः शिवाय ।
ओम् नमः शिवाय, ओम् नमः शिवाय, ओम् नमः शिवाय ।।

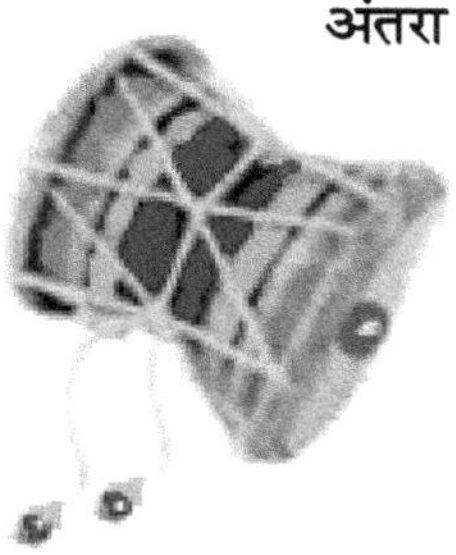

2. नटवर तांडव थैया नाचे । डम डम डम डम डंका बाजे ।
त्रिशूल दाएँ हाथ विराजे । गूँजे नारा, नमः शिवाय ।
ओम् नमः शिवाय, ओम् नमः शिवाय, ओम् नमः शिवाय ।।

स्थायी

X				0				X				0			
सा	सा	रे	रे	ग	ग	म	प	ध	–म	रे	नि़	सा	–	सा	–
जै	जै	जै	जै	भ	क्तों	बो	लो	ओम्	ऽन	म	शि	वा	ऽ	य	ऽ
ग	–ग	ग	ग	ग	–	ग	–	रे	–रे	रे	नि़	सा	–	सा	–
ओम्	ऽन	म	शि	वा	ऽ	य	ऽ	ओम्	ऽन	म	शि	वा	ऽ	य	ऽ
म	–म	म	म	म	–	म	–	ग	–ग	रे	नि़	सा	–	सा	–
ओम्	ऽन	म	शि	वा	ऽ	य	ऽ	ओम्	ऽन	म	शि	वा	ऽ	य	ऽ
सा	सा	रे	रे	ग	ग	म	प	ध	–म	रे	नि़	सा	–	सा	–
जै	जै	जै	जै	भ	क्तों	बो	लो	ओम्	ऽन	म	शि	वा	ऽ	य	ऽ

अंतरा–1

X				0				X				0			
प	सां	सां	सां	–	रें	सां	नि	नि	सां	रें	सां	रें	–	रें	–
शि	व	ल	ला	ऽ	ट	पे	ऽ	चं	ऽ	दा	ऽ	सा	ऽ	जे	ऽ
रें	गं	–	सां	निध	–	ध	–	ध	नि	नि	रें	रें	सां	सां	–
ज	टा	ऽ	का	लीऽ	ऽ	में	ऽ	गं	ऽ	ग	वि	रा	ऽ	जे	ऽ
प	सां	सां	सां	सां	रें	सां	नि	नि	सां	रें	सां	रें	–	–	–
ड	म	ड	म	ड	म	ड	म	ड	म	रु	बा	जे	ऽ	ऽ	ऽ
रें	गं	–	सां	(नि)ध	–	ध	–	ध	नि	–	रें	रें	सां	सां	–
गूँ	ऽ	ऽ	जे	ना	ऽ	रा	ऽ	न	मः	ऽ	शि	वा	ऽ	य	ऽ
सां	–	–	सां	नि	सां	–	नि	सां	–	–	–	सां	–	–	–
ओ	ऽ	ऽ	म्	न	मः	ऽ	शि	वा	ऽ	ऽ	ऽ	य	ऽ	ऽ	ऽ

रें	–	–	रें	सां	रें	–	सां	रें	–	–	–	रें	–	–	–
ओ	ऽ	ऽ	म्	न	मः	ऽ	शि	वा	ऽ	ऽ	ऽ	य	ऽ	ऽ	ऽ
गं	–	–	सां	(नि)ध	–	–	नि	रें	–	–	–	सां	–	–	–
ओम्	ऽ	ऽ	न	मः	ऽ	ऽ	शि	वा	ऽ	ऽ	ऽ	य	ऽ	ऽ	ऽ
सा	सा	रे	रे	ग	ग	म	प	ध	–म	रे	ऩि	सा	–	सा	–
जै	जै	जै	जै	भ	क्तों	बो	लो	ओम्	ऽन	म	शि	वा	ऽ	य	ऽ

३८. शिवजी वंदना

राग : अहीर भैरव, कहरवा ताल

स्थायी : शशिधर हे अहिधारी, उमापति! दर्शन दो त्रिपुरारि ।
नाथ हमारे भोले भाले, हम हैं तेरी बलिहारी ।।

अंतरा : 1. आस लगाये साँझ सकारे, दया दिखा दो शेखर प्यारे ।
शिव शंकर जी लीला दिखा दो, भाल चंद्र शशिधारी ।।

2. सांब सदाशिव खेवन हारे, तुम्हें मनाते भगतन सारे ।
भव सागर को पार कराओ, गंगाधर हितकारी ।।

स्थायी

X				0				X				0			
–	मग	रे	सा	ऩि	प़	–ऩि	रे	सा	–	सा	सा	ऩि	प़	रे	रे
ऽ	शशि	ध	र	हे	ऽ	ऽअ	हि	धा	ऽ	री	उ	मा	ऽ	प	ति
–	मग	रे	सा	ऩि	प़	–ऩि	रे	सा	–	सा	–	–	–	–	–
ऽ	दर्	श	न	दो	ऽ	ऽत्रि	पु	रा	ऽ	रि	ऽ	ऽ	ऽ	ऽ	ऽ
–	मग	रे	ऩि	रे	–	रे	–	–	सारे	म	ग	म	–	म	–
ऽ	नाऽ	थ	ह	मा	ऽ	रे	ऽ	ऽ	भोऽ	ले	ऽ	भा	ऽ	ले	ऽ
–	मध	ध	ध	ध	नि	–सां	रें	सां	–	सां	–	–	–	ध	म
ऽ	हम	हैं	ते	री	ऽ	ऽब	लि	हा	ऽ	री	ऽ	ऽ	ऽ	ऽ	ऽ
–	मध	ध	ध	ध	नि	–सां	रें	सां	–	सां	–	नि	ध	प	म
ऽ	हम	हैं	ते	री	ऽ	ऽब	लि	हा	ऽ	री	ऽ	ऽ	ऽ	ऽ	ऽ
–	गप	ग	रे	सा	ऩि	–ऩि	रे	सा	–	सा	सा	ऩि	प़	रे	रे
ऽ	हम	हैं	ते	री	ऽ	ऽब	लि	हा	ऽ	री	उ	मा	ऽ	प	ति
–	मग	रे	सा	ऩि	प़	–ऩि	रे	सा	–	सा	सा	–	–	–	–
ऽ	शशि	ध	र	हे	ऽ	ऽअ	हि	धा	ऽ	रि	ऽ	ऽ	ऽ	ऽ	ऽ

अंतरा–1

X				0				X				0			
–	म	ध	नि	सां	–	सां	नि	–	रें	–रें	सां	नि	रें	सां	–
ऽ	आ	स	ल	गा	ऽ	ये	ऽ	ऽ	साँ	ऽझ	स	का	ऽ	रे	ऽ
–	म	ध	नि	सां	–	सां	नि	–	रें	–रें	सां	नि	रें	सां	–
ऽ	द	या	दि	खा	ऽ	दो	ऽ	ऽ	शे	ऽख	र	प्या	ऽ	रे	ऽ
–	सांरें	गं	रें	सां	सां	निध	पध	–	निध	प	म	म	–	प	ग
ऽ	शिव	शं	ऽ	क	र	जीऽ	ऽऽ	ऽ	लीऽ	ला	दि	खा	ऽ	दो	ऽ
–	गप	ग	रे	सा	नि़	नि़	रे	सा	–	सा	सा	नि़	प़	रे	रे
ऽ	भाऽ	ल	चं	ऽ	द्र	श	शि	धा	ऽ	री	उ	मा	ऽ	प	ति
–	मग	रे	सा	नि़	प़	–नि़	रे	सा	–	सा	–	–	–	–	–
ऽ	शशि	ध	र	हे	ऽ	ऽअ	हि	धा	ऽ	री	ऽ	ऽ	ऽ	ऽ	ऽ

३९. शिव पार्वती गणेश

कहरवा ताल

स्थायी : शिव पार्वती गणेश, जय जय शिव पार्वती गणेश ।
ध्याऊँ तुमको, पाऊँ तुम को,
वंदन करूँ महेश ।।

अंतरा :1. ज्यों हि तुमरे सुमिरण कीने, सपनन तुमने दर्शन दीने ।
वसागर से सुखसागर में,
दूर हुए क्लेष ।।

2. जो भी तुमरे दर पर आवे, पल में उसके घर भर जावे ।
दुःख जगत के वो तर जावे,
तेरी कृपा उमेश ।।

3. कोई तुमसे अलख नहीं है, सारी तुमसे व्याप्त मही है ।
तेरी कृपा से हसरत मेरी,
पूर्ण हुई अशेष ।।

स्थायी

X				0				X				0			
–	गग	म	प	^म रे	रे	सा	सा	म	–	–	रे	सा	नि़	नि़	नि़
ऽ	शिव	पा	ऽ	र्व	ती	ऽ	ग	णे	ऽ	ऽ	श	ज	य	ज	य
–	नि़सा	रे	प	म	रे	सा	नि़	सा	–	–	सा	म	रे	सा	नि़
ऽ	शिव	पा	ऽ	र्व	ती	ऽ	ग	णे	ऽ	ऽ	श	ज	य	ज	य
–	नि़सा	रे	प	म	रे	सा	नि़	सा	–	–	सा	–	–	–	–
ऽ	शिव	पा	ऽ	र्व	ती	ऽ	ग	णे	ऽ	ऽ	श	ऽ	ऽ	ऽ	ऽ
–	मप	नि	–	नि	नि	नि	–	–	सां	–सां	–	रें	नि	सां	–
ऽ	ध्याऽ	ऊँ	ऽ	तु	म	को	ऽ	ऽ	पा	ऽऊँ	ऽ	तु	म	को	ऽ
–	नि	–	निनि	ध	म	प	ध	प	–	–	–	मध	पम	गरे	सानि़
ऽ	वं	ऽ	दन	क	रूँ	ऽ	म	हे	ऽ	ऽ	ऽ	ऽऽ	ऽऽ	ऽऽ	शऽ
–	नि़सा	रे	प	म	रे	सा	नि़	सा	–	–	सा	म	रे	सा	नि़
ऽ	शिव	पा	ऽ	र्व	ती	ऽ	ग	णे	ऽ	ऽ	श	ज	य	ज	य
–	नि़सा	रे	प	म	रे	सा	नि़	सा	–	–	सा	–	–	–	–
ऽ	शिव	पा	ऽ	र्व	ती	ऽ	ग	णे	ऽ	ऽ	श	ऽ	ऽ	ऽ	ऽ

अंतरा–1

X				0				X				0			
–	नि	ध	म	प	प	प	–	–	निध	म	म	प	–	प	–
ऽ	ज्यों	ऽ	हि	तु	म	रे	ऽ	ऽ	सुमि	र	ण	की	ऽ	ने	ऽ
–	निध	म	म	प	प	प	सां	–	निध	म	म	प	–	प	–
ऽ	सप	न	न	तु	म	ने	ऽ	ऽ	दर्	श	न	दी	ऽ	ने	ऽ
–	म	प	नि	नि	सां	सां	–	–	गंगं	रें	सां	रें	नि	सां	–
ऽ	भ	व	सा	ग	र	से	ऽ	ऽ	सुख	सा	ऽ	ग	र	में	ऽ
–	नि	–नि	नि	ध	म	पध	ध	प	–	–	–	मध	पम	गरे	सानि़
ऽ	दू	ऽर	हु	ए	ऽ	ऽऽ	क्	ले	ऽ	ऽ	ऽ	ऽऽ	ऽऽ	ऽऽ	षऽ
–	नि़सा	रे	प	म	रे	सा	नि़	सा	–	–	सा	म	ग	सा	नि़
ऽ	शिव	पा	ऽ	र्व	ती	ऽ	ग	णे	ऽ	ऽ	श	ज	य	ज	य
–	नि़सा	रे	प	म	रे	सा	नि़	सा	–	–	सा	–	–	–	–
ऽ	शिव	पा	ऽ	र्व	ती	ऽ	ग	णे	ऽ	ऽ	ष	ऽ	ऽ	ऽ	ऽ

४०. गौरी शंकर तांडव नाचे

राग : दरबारी कानड़ा, तीन ताल

स्थायी : छम् छम पैंजन घुंघरू बाजे, साथ में डम डम डमरू बोले ।
गौरी शंकर तांडव नाचे ।।

अंतरा : 1. गल में माला सर्प बिराजे, कटि पर हिरन की छाला साजे ।
शंख फूँकते बम् बम् भोले, धरती अंबर संग में डोले ।।

2. सिर पे गंगा, चंद्र जटा में, तन पर भसम बिभूति शिवा के ।
आँख तीसरी शंकर खोले, डम् डम डम् डम डमरू बोले ।।

स्थायी

		0				3				X				2			
म	म	रे	रे	–	सा	नि़	सा	रे	प	ग	–	ग	म	रे	सा	म	म
छ	म्	छ	म	ऽ	पैं	ज	न	घुँ	घ	रू	ऽ	बा	ऽ	जे	ऽ	छ	म्
		रे	रे	–	सा	नि़	सा	रे	प	ग	–	ग	म	रे	–	सा	–
		छ	म	ऽ	पैं	ज	न	घुँ	घ	रू	ऽ	बा	ऽ	जे	ऽ	ऽ	ऽ
		–	म–	म	म	प	प	प	प	म	प	सां	–	निध	–	नि	प
		ऽ	साऽ	थ	में	ड	म	ड	म	ड	म	रू	ऽ	बोऽ	ऽ	ले	ऽ
		–	सां	–	सां	नि	प	म	प	ग	–	ग	म	रे	सा	म	म
		ऽ	गौ	ऽ	री	शं	ऽ	क	र	तां	ऽ	ड	व	ना	चे	छ	म्

अंतरा–1

0				3				X				2			
म	म	प	–	निध	–	नि	–	सां	–	सां	सां	रें	नि	सां	–
ग	ल	में	ऽ	माऽ	ऽ	ला	ऽ	स	ऽ	र्प	बि	रा	ऽ	जे	ऽ
नि	सां	रें	रें	रें	सां	सां	सां	नि	सां	रें	सां	(नि)ध	–	नि	प
क	टि	प	र	हि	र	न	की	छा	ऽ	ला	ऽ	सा	ऽ	जे	ऽ
प	रें	रें	रें	–	रें	सां	रें	गं	–	गं	मं	रें	–	सां	–
शं	ऽ	ख	फूँ	ऽ	क	ते	ऽ	बम्	ऽ	बम्	ऽ	भो	ऽ	ले	ऽ
म	प	सां	–	नि	प	म	प	ग	–	ग	म	रे	सा	म	म
ध	र	ती	ऽ	अं	ऽ	ब	र	सं	ऽ	ग	में	डो	ले	छ	म्

स्थायी तान : छम् छम पैंजन

मप निध निनि सासा । निसा रेरे सानि सासा

४१. हे शिव शंभो

राग : तोड़ी, कहरवा ताल

स्थायी : हे शिव शंभो! भवानी शंकर! सब संकट हारो ।

अंतरा : 1. आन पड़े हम भव मझ धारे, हे डमरूधर हमें बचा रे!
प्रभु हमको तारो ।

2. भगत खड़े हैं तेरे दुआरे, तेरी दया की आशा धारे,
अब मंगल कारो ।

3. दान कृपा का कीजो प्रभु जी, प्रेम की छाया हमको
दीजो, सब संकट टारो ।

स्थायी

X				0				X				0			
सा	–	रे	ग	रे	सा	सा	–	सा	रे	–	ग	रे	सा	सा	सा
हे	ऽ	शि	व	शं	ऽ	भो	ऽ	भ	वा	ऽ	नी	शं	ऽ	क	र
ध	ध	ध	–	म॑	ग	रे	–	ग	–	–	–	रेम॑	ग	रे	सा
स	ब	सं	ऽ	क	ट	हा	ऽ	रो	ऽ	ऽ	ऽ	ऽऽ	ऽ	ऽ	ऽ
सा	रे	ग	ध	म॑	ग	रे	सा	सा	–	–	–	–	–	–	–
स	ब	सं	ऽ	क	ट	हा	ऽ	रो	ऽ	ऽ	ऽ	ऽ	ऽ	ऽ	ऽ
सा	–	रे	ग	रे	सा	सा	–	सा	रे	–	ग	रे	सा	सा	सा
हे	ऽ	शि	व	शं	ऽ	भो	ऽ	भ	वा	ऽ	नी	शं	ऽ	क	र

अंतरा–1

X				0				X				0			
ध	म॑	म॑	म॑	ध	–	म॑	ध	सां	सां	सां	सां	नि	रें	सां	–
आ	ऽ	न	प	ड़े	ऽ	ह	म	भ	व	म	झ	धा	ऽ	रे	ऽ
नि	ध	नि	सां	रें	गं	रे	सां	सां	सां	–	सां	नि	सां	नि	ध
हे	ऽ	ड	म	रू	ऽ	ध	र	ह	में	ऽ	ब	चा	ऽ	रे	ऽ
म॑	म॑	ध	नि	धम॑	ग	रे	–	ग	–	–	–	रेम॑	ग	रे	सा
प्र	भु	ह	म	कोऽ	ऽ	ता	ऽ	रो	ऽ	ऽ	ऽ	ऽऽ	ऽ	ऽ	ऽ
सा	रे	ग	ध	म॑	ग	रे	सा	सा	–	–	–	–	–	–	–
स	ब	सं	ऽ	क	ट	हा	ऽ	रो	ऽ	ऽ	ऽ	ऽ	ऽ	ऽ	ऽ
सा	–	रे	ग	रे	सा	सा	–	सा	रे	–	ग	रे	सा	सा	सा
हे	ऽ	शि	व	शं	ऽ	भो	ऽ	भ	वा	ऽ	नी	शं	ऽ	क	र

४२. भज सांब शिवम्

राग तिलंग, कहरवा ताल

स्थायी : मन भज तू सांब शिवम्, मनवा मंगल गान तू गा रे ।
वंदे शिवं सुंदरम् ।।

अंतरा : 1. गा कर प्यारा नाम शिवा का, करले तरास तू कम ।
साँस साँस में गौरीनाथ को, निश दिन अरु हर दम ।।

2. पा कर न्यारा प्यार शिवा का, हरले दरद सितम ।
बार बार नित वंदना करो, भोले नाथ शुभम् ।।

स्थायी

2				0				3				X			
–	गम	प	प	पनि	सां	नि	सां	–	निप	ग	म	ग	–	सा	–
ऽ	मन	भ	ज	तूऽ	ऽ	ऽ	ऽ	ऽ	सांऽ	ब	शि	वं	ऽ	ऽ	ऽ
–	ऩिऩि	ऩि	–	सा	–	सा	सा	–	गम	प	म	ग	–	सा	–
ऽ	मन	वा	ऽ	मं	ऽ	ग	ल	ऽ	गाऽ	न	तू	गा	ऽ	रे	ऽ
–	नि–	नि	नि	नि	प–	नि	नि	सां	–	–	–	नि	प	म	ग
ऽ	वंऽ	दे	शि	वं	ऽऽ	सुं	द	रं	ऽ	ऽ	ऽ	ऽ	ऽ	ऽ	ऽ
–	गम	प	प	पनि	सां	नि	सां	–	निप	ग	म	ग	–	सा	–
ऽ	मन	भ	ज	तूऽ	ऽ	ऽ	ऽ	ऽ	सांऽ	ब	शि	वं	ऽ	ऽ	ऽ

अंतरा-1

2				0				3				X			
–	गम	प	नि	सां	–	सां	–	–	निसां	गं	सां	नि	सां	नि	प
ऽ	गाऽ	क	र	प्या	ऽ	रा	ऽ	ऽ	नाऽ	म	शि	वा	ऽ	का	ऽ
–	निनि	नि	नि	नि	सां	गं	सां	नि	–	प	–	म	–	पम	ग
ऽ	कर	ले	त	रा	ऽ	स	तू	कम	ऽ	ऽ	ऽ	ऽ	ऽ	ऽ	ऽ
सां	–	गं	गं	मं	गं	नि	सां	प	नि	सां	रें	नि	सां	नि	प
साँ	ऽ	स	साँ	ऽ	स	में	ऽ	गौ	ऽ	री	ना	ऽ	थ	को	ऽ
–	निनि	नि	नि	नि	प	–नि	नि	सां	–	–	–	नि	प	म	ग
ऽ	निश	दि	न	अ	रु	ऽह	र	दम	ऽ	ऽ	ऽ	ऽ	ऽ	ऽ	ऽ
–	गम	प	प	पनि	सां	नि	सां	–	निप	ग	म	ग	–	सा	–
ऽ	मन	भ	ज	तूऽ	ऽ	ऽ	ऽ	ऽ	सांऽ	ब	शि	वं	ऽ	ऽ	ऽ

४३. ओ महेश !

राग भैरव, तीन ताल

स्थायी : **ओ महेश! अद्भुत तेरी माया, तू लीला से जग भरमाया ।**
धूप कहीं पर है कहीं छाया ।।

अंतरा : 1. **साँप गले में डाला तूने, गंगा मैया तेरी जटा में ।**
आँख तीसरी विनाश लाने, नारी नटेश्वर अनुपम काया ।।

2. **छाला हिरन की तेरी कटी पे, चंदा साजे तेरी जटा में ।**
पाहि पाहि रे कृपालु प्यारे, दास तुम्हारी शरण में आया ।।

स्थायी

0				3				X				2			
ध	–	प	म	प	ग	म	म	गम	प	म	ग	रे	–	सा	–
ओ	ऽ	म	हे	ऽ	श	अ	द्	भुऽ	त	ते	री	मा	ऽ	या	ऽ
नि़	ध़	नि़	सा	रे	–	सा	–	ग	रे	म	ग	रे	–	सा	–
तू	ऽ	ली	ऽ	ला	ऽ	से	ऽ	ज	ग	भ	र	मा	ऽ	या	ऽ
सा	–	ग	म	प	ध	प	प	म	ध	सां	नि	धनि	धप	मप	गम
धू	ऽ	प	क	हीं	ऽ	प	र	है	ऽ	क	हीं	छाऽ	ऽऽ	याऽ	ऽऽ
ध	–	प	म	प	ग	म	म	गम	प	म	ग	रे	–	सा	–
ओ	ऽ	म	हे	ऽ	श	अ	द्	भुऽ	त	ते	री	मा	ऽ	या	ऽ

अंतरा–1

0				3				X				2			
म	–	म	म	प	–	ध	–	धनि	सां	सां	–	नि	रें	सां	–
साँ	ऽ	प	ग	ले	ऽ	में	ऽ	डाऽ	ऽ	ला	ऽ	तू	ऽ	ने	ऽ
नि	ध	ध	–	नि	सां	सां	–	रें	–	सां	सां	नि	सां	ध	प
गं	ऽ	गा	ऽ	मै	ऽ	या	ऽ	ते	ऽ	री	ज	टा	ऽ	में	ऽ
ग	म	प	ध	सां	नि	ध	प	म	ग	प	म	ग·रे	–	सा	–
आँ	ऽ	ख	ती	ऽ	स	री	ऽ	वि	ना	ऽ	श	ला	ऽ	ने	ऽ
नि़	सा	ग	म	प	ध	प	प	म	ध	सां	नि	धनि	धप	मप	गम
ना	ऽ	री	न	टे	ऽ	श्व	र	अ	नु	प	म	काऽ	ऽऽ	याऽ	ऽऽ
ध	–	प	म	प	ग	म	म	गम	प	म	ग	रे	–	सा	–
ओ	ऽ	म	हे	ऽ	श	अ	द्	भुऽ	त	ते	री	मा	ऽ	या	ऽ

४४. दुर्गे माँ

राग दुर्गा, कहरवा ताल, 8 मात्रा

जै जै माँ, दुर्गे माँ । जै जै माँ, अंबे माँ ।।

स्थायी : **मोहे, भव से तारो दुर्गे माँ ।**
मोरे, विघ्न उतारो अंबे माँ ।।
राह नहीं है तुम बिन जग में ।
चाह नहीं भवसागर में ।।

अंतरा : 1. **माता तुम हो काली कराली, देवी भवानी शेरोंवाली ।**
लीला तुमरी सब जग जानत,
नारद शारद बरनत माँ ।

2. **नाता तुमरा आदि जनम का, जय जगदंबे जोताँवाली ।**
दे दो दरशन सपनन आकर,
सुंदर मंगल सज धज माँ ।

3. **माया तुमरी न्यारी निराली, जय जगवंदे लाटाँवाली ।**
जै जै करते महिमा गाकर,
शंकर किन्नर भगतन माँ ।

		X				0				X				0			
सा	**सा**	**रे**	–	–	–	–	–	**म**	**रे**	**सा**	–	–	–	–	–	**सा**	**रे**
जै	जै	माँ	ऽ	ऽ	ऽ	ऽ	ऽ	दुर्	गे	माँ	ऽ	ऽ	ऽ	ऽ	ऽ	जै	जै
		प	–	–	–	–	–	**म**	**रे**	**म**	–	–	–	–	–	**सा**	**सा**
		माँ	ऽ	ऽ	ऽ	ऽ	ऽ	अं	बे	माँ	ऽ	ऽ	ऽ	ऽ	ऽ	जै	जै

<u>**स्थायी**</u>

		X				0				X				0			
सा	**सा**	–	**धध**	**प**	**म**	**प**	–	**म**	**रे**	**रे**	**रे**	**प**	–	**प**	–	**म**	**प**
मो	हे	ऽ	भव	से	ऽ	ता	ऽ	रो	ऽ	दु	र्	गे	ऽ	माँ	ऽ	मो	रे
		–	**धध**	**प**	**म**	**प**	–	**म**	**रे**	**रे**	–	**प**	**म**	**म**	–	–	–
		ऽ	विघ्	न	उ	ता	ऽ	रो	ऽ	अं	ऽ	बे	ऽ	माँ	ऽ	ऽ	ऽ
		–	**म**	**–प**	**ध**	**सां**	–	**सां**	**ध**	–	**धरें**	**सां**	**ध**	**प**	**प**	**ध**	**पम**
		ऽ	रा	ऽह	न	हीं	–	है	ऽ	ऽ	तुम	बि	न	ज	ग	में	ऽ
		–	**ध–**	**प**	**म**	**प**	–	**म**	**रे**	–	**रे–**	**प**	**म**	**म**	–	**सा**	**सा**
		ऽ	चाऽ	ह	न	हीं	ऽ	भ	व	ऽ	सा–	ग	र	में	ऽ	जै	जै

अंतरा–1

X				0				X				0			
–	धम	प	ध	सां	सां	सां	–	–	रें–	रें	मं	रें	–	सां	–
ऽ	माऽ	ता	ऽ	तु	म	हो	ऽ	ऽ	काऽ	ली	क	रा	ऽ	ली	ऽ
–	धरें	सां	ध	प	–	प	–	–	पप	प	सां	धप	–	म	–
ऽ	देऽ	वी	भ	वा	ऽ	नि	ऽ	ऽ	शेऽ	रों	ऽ	वा	ऽ	ली	ऽ
–	सांध	सां	–	रें	रें	रें	–	–	रें–	रें	मं	रें	–	सां	–
ऽ	लीऽ	ला	ऽ	तु	म	री	ऽ	ऽ	सब	ज	ग	जा	ऽ	न	त
–	धरें	सां	ध	प	–	प	प	–	पप	प	सां	धप	म	सा	सा
ऽ	नाऽ	र	द	शाऽ	ऽ	र	द	ऽ	बर	न	त	माँऽ	ऽ	दे	वी
–	ध–	प	म	प	–	म	रे	रे	–	प	–	प	–	म	प
ऽ	भाऽ	ग्य	ज	गा	ऽ	दो	ऽ	चं	ऽ	डी	ऽ	माँ	ऽ	मो	रे
–	धध	प	म	प	–	म	रे	रे	–	प	म	म	–	सा	सा
ऽ	विघ्	न	उ	ता	ऽ	रो	ऽ	अं	ऽ	बे	ऽ	माँ	ऽ	जै	जै

४५. अंबा देवी

कहरवा ताल 8 मात्रा

स्थायी : **दरशन दे दो, हमको अंबे,**
देवी चरण में ले लो ।
मोहे, अपनी शरण में ले लो ।।

अंतरा : **1. दुर्गे दुर्घट नाम तिहारो,**
सब के पाप निबारो ।
भव सागर से ऊब गये हम,
हमको आके उबारो ।।

2. आओ सपनन रूप निहारूँ,
देवी मोहे निहारो ।
तेरे द्वारे आन खड़ा हूँ,
मोरे कष्ट उतारो ।।

5. शिव–पार्वती–गणेश

स्थायी

X				0				X				0			
सां	सां	रें	सां	सां	–	नि	ध	सां	–	रें	सां	सां	–	सां	–
द	र	श	न	दे	ऽ	दो	ऽ	हम	ऽ	को	ऽ	अं	ऽ	बे	ऽ
नि	रें	सां	नि	ध	प	ग	म	प	–	नि	–	–	–	ध	प
दे	ऽ	वी	च	र	ण	में	ऽ	ले	ऽ	लो	ऽ	ऽ	ऽ	मो	हे
म	म	म	म	म	म	प	म	नि	प	म	ग	–	–	सा	सा
अ	प	नी	च	र	ण	में	ऽ	ले	ऽ	लो	ऽ	ऽ	ऽ	दे	वी
ध	ध	ध	प	ध	प	नि	ध	प	म	म	–	–	–	–	–
द	र्	श	न	दे	ऽ	ऽ	ऽ	ऽ	ऽ	दो	ऽ	ऽ	ऽ	ऽ	ऽ
सां	सां	रें	सां	सां	–	नि	ध	सां	–	रें	सां	सां	–	सां	–
द	र	श	न	दे	ऽ	दो	ऽ	हम	ऽ	को	ऽ	अं	ऽ	बे	ऽ

अंतरा–1

X				0				X				0			
ध	–	ध	–	ध	–	ध	प	प	नि	नि	नि	नि	–	नि	–
दु	ऽ	र्गे	ऽ	दु	ऽ	र्घ	ट	ना	ऽ	म	ति	हा	ऽ	रो	ऽ
प	नि	प	म	रे	ग	प	म	म	–	–	–	म	–	–	–
स	ब	के	ऽ	पा	ऽ	प	नि	बा	ऽ	ऽ	ऽ	रो	ऽ	ऽ	ऽ
सां	सां	रें	सां	सां	सां	नि	ध	सां	–	रें	सां	सां	–	सां	सां
भ	व	सा	ऽ	ग	र	से	ऽ	ऊ	ऽ	ब	ग	ये	ऽ	ह	म
नि	रें	सां	नि	ध	प	ग	म	प	नि	–	–	–	–	ध	प
ह	म	को	ऽ	आ	ऽ	के	उ	बा	रो	ऽ	ऽ	ऽ	ऽ	दे	वी
म	म	म	म	म	–	प	म	नि	प	म	ग	–	–	सा	सा
द	र्	श	न	दे	ऽ	ऽ	ऽ	ऽ	ऽ	दो	ऽ	ऽ	ऽ	दे	वी
ध	ध	ध	प	ध	प	नि	ध	प	म	म	–	–	–	–	–
द	र्	श	न	दे	ऽ	ऽ	ऽ	ऽ	ऽ	दो	ऽ	ऽ	ऽ	ऽ	ऽ
सां	सां	रें	सां	सां	–	नि	ध	सां	–	रें	सां	सां	–	सां	–
द	र	श	न	दे	ऽ	दो	ऽ	हम	ऽ	को	ऽ	अं	ऽ	बे	ऽ

४६. अंबे माँ

कहरवा ताल 8 मात्रा

स्थायी : **अंबे माँ वरदान दो मैं तेरे दुआरे ।**
बिंती सुनो मैं आज, ओ मैया! तेरे चरन में ।।

अंतरा : 1. **शंभु नंदिनी सिंह विराजे, शंख दुंदुभी डंका बाजे ।**
तेरा हि जय जय कार, ओ मैया! तीनों भुवन में ।।

2. **गंध पुष्प फल तुलसी दल से, पूजा तेरी मन निर्मल से ।**
माता पिता का प्यार, ओ मैया! तेरे नयन में ।।

3. **हाथ चक्र अरु वज्र विराजे, खड्ग पद्म और त्रिशूल साजे ।**
असुरन का संघार, ओ मैया! तेरे वतन में ।।

4. **भक्तन के तू काज सँवारे, आर्त जनन के कष्ट उबारे ।**
दीनन पर उपकार, ओ मैया! तेरी शरण में ।।

स्थायी

X				0				X				0			
–	ग	–	ग	ग	रे	ग	प	म	–	–	रे	ग	रे	सा	नि़
ऽ	अं	ऽ	बे	माँ	ऽ	व	र	दा	ऽ	ऽ	न	दो	ऽ	मैं	ऽ
सा	–	रे	म	ग	रे	सा	–	–	ग	ग	ग	ग	रे	ग	प
ते	ऽ	रे	दु	आ	ऽ	रे	ऽ	ऽ	बिं	ती	सु	नो	ऽ	मै	ऽ
म	–	–	रे	ग	रे	सा	नि़	सा	–	रे	म	ग	रे	सा	–
आ	ऽ	ऽ	ज	ओ	ऽ	मै	या	ते	ऽ	रे	च	र	न	में	ऽ

अंतरा–1

X				0				X				0			
–	ग	–	गम	प	–	प	म	–	ध	ध	नि	ध	–	प	–
ऽ	शं	ऽ	भुऽ	नं	ऽ	दि	नी	ऽ	सिं	ह	वि	रा	ऽ	जे	ऽ
–	ग	–	गम	प	–	प	म	–	ध	–ध	नि	ध	–	प	–
ऽ	शं	ऽ	खऽ	दुं	ऽ	दु	भी	ऽ	डं	ऽका	ऽ	बा	ऽ	जे	ऽ
–	ग	ग	ग	ग	रे	ग	प	म	–	–	रे	ग	–	सा	नि़
ऽ	ते	रा	हि	ज	य	ज	य	का	ऽ	ऽ	र	ओ	ऽ	मै	या
सा	–	रे	म	ग	रे	सा	–	–	ग	ग	ग	ग	रे	ग	प
ती	ऽ	नों	भु	व	न	में	ऽ	ऽ	बिं	ती	सु	नो	ऽ	मै	ऽ
म	–	–	रे	ग	रे	सा	नि़	सा	–	रे	म	ग	रे	सा	–
आ	ऽ	ऽ	ज	ओ	ऽ	मै	या	ते	ऽ	रे	च	र	न	में	ऽ

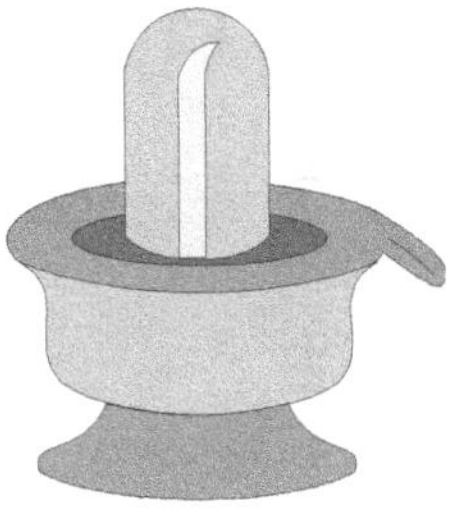

४७. शिव ओम् !

कहरवा ताल 8 मात्रा

स्थायी : **शिव ओम् हरि ओम् शिव बोलो सदा ।**
शिव ओम् हरि ओम् गाओ सदा ।।

अंतरा : 1. **नमो नमो नमो नमो गजानना,**
जन गण तारो महेश्वरा ।
नमो नमो नमो नमो नारायणा ।।

2. **शिव शिव शंकर दिगंबरा,**
हमको वर दो सदाशिवा ।
शिव शिव मंगल निरंजना ।।

3. **जय जय जय जय जटाधरा,**
तुम जग सुंदर सुदर्शना ।
जय जय जय जय जनार्दना ।।

स्थायी

		X				0				X				0			
सा	ग	म	म	म	म	म	म	म	म	प	–	ग	म	प	–	–	–
शि	व	ओ	म्	ह	रि	ओ	म्	शि	व	बो	ऽ	लो	स	दा	ऽ	ऽ	ऽ
		सां	सां	नि	प	नि	नि	प	म	ग	–	म	प	म	–	सा	ग
		शि	व	ओ	म्	ह	रि	ओ	म्	गा	ऽ	ओ	स	दा	ऽ	शि	व

अंतरा–1

X				0				X				0			
म	म	प	सां	सां	सां	सां	सां	नि	सां	गं	नि	सां	–	नि	प
न	मो	न	मो	न	मो	न	मो	ग	जा	ऽ	न	ना	ऽ	ऽ	ऽ
म	म	प	सां	सां	–	सां	–	नि	सां	गं	नि	सां	–	नि	प
ज	न	ग	ण	ता	ऽ	रो	ऽ	म	हे	ऽ	श्व	रा	ऽ	ऽ	ऽ
सां	सां	नि	प	नि	नि	प	म	ग	–	म	प	म	–	सा	ग
न	मो	न	मो	न	मो	न	नो	ना	ऽ	रा	य	णा	ऽ	शि	व
म	म	म	म	म	म	म	म	प	–	ग	म	प	–	–	–
ओ	म्	ह	रि	ओ	म्	शि	व	बो	ऽ	लो	स	दा	ऽ	ऽ	ऽ
सां	सां	नि	प	नि	नि	प	म	ग	–	म	प	म	–	–	–
शि	व	ओ	म्	ह	रि	ओ	म्	गा	ऽ	ओ	स	दा	ऽ	ऽ	ऽ

अंतरा–2

X				0				X				0			
सां	**सां**	**सां**	**सां**	**सां**	**–**	**सां**	**सां**	**नि**	**सां**	**गं**	**नि**	**सां**	**–**	**नि**	**प**
शि	व	शि	व	शं	ऽ	क	र	दि	गं	ऽ	ब	रा	ऽ	ऽ	ऽ
सां	**सां**	**सां**	**–**	**सां**	**सां**	**सां**	**–**	**नि**	**सां**	**गं**	**नि**	**सां**	**–**	**नि**	**प**
ह	म	को	ऽ	व	र	दो	ऽ	स	दा	ऽ	शि	वा	ऽ	ऽ	ऽ
सां	**सां**	**नि**	**प**	**नि**	**–**	**प**	**म**	**ग**	**म**	**–**	**प**	**म**	**–**	**सा**	**ग**
शि	व	शि	व	मं	ऽ	ग	ल	नि	रं	ऽ	ज	ना	ऽ	शि	व
म	**म**	**म**	**म**	**म**	**म**	**म**	**म**	**प**	**–**	**ग**	**म**	**प**	**–**	**–**	**–**
ओ	म्	ह	रि	ओ	म्	शि	व	बो	ऽ	लो	स	दा	ऽ	ऽ	ऽ
सां	**सां**	**नि**	**प**	**नि**	**नि**	**प**	**म**	**ग**	**–**	**म**	**प**	**म**	**–**	**सा**	**ग**
शि	व	ओ	म्	ह	रि	ओ	म्	गा	ऽ	ओ	स	दा	ऽ	शि	व

६. राधाकृष्ण भक्ति संगीत

४८. माखन चोर

कहरवा ताल

स्थायी : आयो री सखी, श्याम सुंदर घर आयो ।

अंतरा : 1. माखन खावत, नेहा लगावत । कान्हा मोरे मन भायो ।।

2. छुप छुप कर सखी, जाने कब आयो । आपन खायो, खिलायो ।।

3. ऊँची लटकी, माखन मटकी । लकुटिया मार, गिरायो ।।

4. बोले माखन, मैं नहीं खायो । मुख म्हारे, लिपटायो ।।

5. भोली सूरतिया, खेलत लीला, मनवा मोरा, भरमायो ।।

स्थायी

	0				X				0				X			
म	मध	प	म	ग	–	सांनि	–नि	नि	ध	म	–प	ध	म	–	म	म
आ	योऽ	री	स	खी	ऽ	श्याऽ	ऽम	सुं	द	र	ऽघ	र	आ	ऽ	यो	आ
	मध	पध	म	ग	–	सांनि	–नि	नि	ध	म	–प	ध	म	–	म	–
	योऽ	रीऽ	स	खी	ऽ	शाऽ	ऽम	सुं	द	र	ऽघ	र	आ	ऽ	यो	ऽ

अंतरा–1

X				0				X				0			
–	म–	ध	नि	सां	–	सां	सां	–	नि	–नि	सां	ध	सां	नि	ध
ऽ	मा–	ख	न	खा	ऽ	व	त	ऽ	ने	ऽहा	ल	गा	ऽ	व	त
–	म–	ध	नि	सांनि	रें	सां	सां	–	नि–	–नि	सां	ध	सां	नि	ध
ऽ	मा–	ख	न	खाऽ	ऽ	व	त	ऽ	ने–	ऽहा	ल	गा	ऽ	व	त
–	नि–	नि	नि	निरें	सां	निध	प	नि	–	ध	म	मध	प	म	ग
ऽ	का–	न्हा	मो	रेऽ	ऽ	मऽ	न	भा	ऽ	यो	आ	योऽ	री	स	खी

४९. याद में घनश्याम तेरी

स्थायी : याद में घनश्याम तेरी, बैठे ज़माना हो गया ।
रास में तू है लगा ये, बस बहाना हो गया ।।

अंतरा : 1. पी गयी वो ज़हर का प्याला, तू योग में था खो गया ।
*मत बता तू वो बहाना, अब पुराना हो गया ।।
(*सुन चुके हम वो बहाना, अब पुराना हो गया)

2. बंसी तेरी है सुहानी, राधिका से है सुना ।
एक सुर हमको सुना दे, बस लुभाना हो गया ।।

3. माना तू भगवान है, मगर कहाँ तू सो गया ।
सपने में दीदार दे दे, बस रुलाना हो गया ।।

स्थायी

X				0				X				0			
–	नि़	सा	ग	म	–	म	म	–	पध	नि	ध	प	ध	म	ग
ऽ	या	ऽ	द	में	ऽ	घ	न	ऽ	श्याऽ	ऽ	म	ते	ऽ	री	ऽ
–	ग	ग	ग	म	–	निप	–	ग	–	–	ग	रेम	गरे	नि़	सा
ऽ	बै	ठे	ज़	मा	ऽ	नाऽ	ऽ	हो	ऽ	ऽ	ग	या–	ऽ	ऽ	ऽ
–	नि़	सा	ग	म	–	म	–	–	पध	नि	ध	प	ध	म	ग
ऽ	रा	ऽ	स	में	ऽ	तू	ऽ	ऽ	हैऽ	ऽ	ल	गा	ऽ	ये	ऽ
–	ग	ग	ग	म	–	निप	–	ग	–	–	ग	रेम	गरे	नि़	सा
ऽ	ब	स	ब	हा	ऽ	ना–	ऽ	हो	ऽ	ऽ	ग	या–	ऽ	ऽ	ऽ
–	नि़	सा	ग	म	–	–	–								
ऽ	या	ऽ	द	में	ऽ	ऽ	ऽ								

अंतरा–1

X				0				X				0			
–	नि	प	प	नि	–	नि	–	–	नि	सां	नि	सां	–	सां	–
ऽ	पी	ऽ	ग	यी	ऽ	वो	ऽ	ऽ	ज़	हर	का	प्या	ऽ	ला	ऽ
–	सां	सां	रें	नि	–	प	–	–	ग	–	प	म	–	ग	सा
ऽ	तू	यो	ग	में	ऽ	था	ऽ	ऽ	खो	ऽ	ग	या	ऽ	ऽ	ऽ
–	नि़	सा	ग	म	–	म	–	–	पध	नि	ध	प	ध	म	ग
ऽ	म	त	ब	ता	ऽ	तू	ऽ	ऽ	वोऽ	ऽ	ब	हा	ऽ	ना	ऽ
ऽ	सु	न	चु	के	ऽ	हम	ऽ	ऽ	वोऽ	ऽ	ब	हा	ऽ	ना	ऽ
–	ग	ग	ग	म	–	निप	–	ग	–	–	ग	रेम	गरे	नि़	सा
ऽ	अ	ब	पु	रा	ऽ	नाऽ	ऽ	हो	ऽ	ऽ	ग	याऽ	ऽ	ऽ	ऽ

५०. किशन कन्हैया राधेश्याम

स्थायी : किशन कन्हैया राधेश्याम, श्रीधर तेरे रूप ललाम ।
सुंदर प्यारे तेरे नाम ।।

अंतरा : 1. ईश्वर ब्रह्मा हरि घनश्याम, शंकर विष्णु तू ही राम ।
गाओ मंगल कृष्ण के नाम ।।

2. दे दे किरपा का वरदान, पूरे हमरे कर अरमान ।
दीन दुखी का तू भगवान ।।

3. गाऊँ सौ सौ तेरे नाम, ध्याऊँ तेरे रूप तमाम ।
अनुपम सारे तेरे काम ।।

स्थायी

X				0				X				0			
सा	म	म	म	म	प	म	ग	ग	म	प	म	प	–	–	प
कि	श	न	क	न्है	ऽ	या	ऽ	रा	ऽ	धे	ऽ	श्या	ऽ	ऽ	म
सा	म	म	म	म	प	म	ग	ग	म	प	म	प	–	–	प
श्री	ऽ	ध	र	ते	ऽ	रा	ऽ	रू	ऽ	प	ल	ला	ऽ	ऽ	म
प	–	प	ध	प	म	म	–	(ग)रे	–	ग	प	प	म	–	म
सुं	ऽ	द	र	प्या	ऽ	रे	ऽ	ते	ऽ	रे	ऽ	ना	ऽ	ऽ	म
सा	म	म	म	म	प	म	ग	ग	म	प	म	प	–	–	प
कि	श	न	क	न्है	ऽ	या	ऽ	रा	ऽ	धे	ऽ	श्या	ऽ	ऽ	म

अंतरा–1

X				0				X				0			
सां	–	सां	रें	सां	नि	नि	ध	ध	ध	नि	रें	सां	–	–	सां
ई	ऽ	श्व	र	ब्र	ऽ	ह्मा	ऽ	ह	रि	घ	न	श्या	ऽ	ऽ	म
सां	–	सां	रें	सां	नि	नि	ध	ध	–	नि	रें	सां	–	–	सां
शं	ऽ	क	र	वि	ऽ	ष्णु	ऽ	तू	ऽ	ही	ऽ	रा	ऽ	ऽ	म
ध	–	ध	म	म	ध	नि	सां	ध	प	म	ग	म	–	ग	सा
गा	ऽ	ओ	ऽ	मं	ऽ	ग	ल	कृ	ष्	ण	के	ना	ऽ	ऽ	म
ध	–	ध	म	म	ध	नि	सां	ध	प	म	ग	म	–	–	म
गा	ऽ	ओ	ऽ	मं	ऽ	ग	ल	कृ	ष्	ण	के	ना	ऽ	ऽ	म
सा	म	म	म	म	प	म	ग	ग	म	प	म	प	–	–	प
कि	श	न	क	न्है	ऽ	या	ऽ	रा	ऽ	धे	ऽ	श्या	ऽ	ऽ	म

५१. मुरली वाला

राग आसावरी, अनुप्रास

लाल गुलाली फूल की माला, डाल गले में मुरली वाला ।
गोकुल वाला बालक ग्वाला, झूलत झूले पर ब्रिजबाला ।।

♫ सारेम मप-प- पमप सां ध-प-, म-म मप- प- धधमप ग-रेसा ।
सारेमम प-प- पमपसां ध-प-, म-मम प-प- धध मपग-रेसा ।

अंतरा-1

तिल काजल का वनमाली के, लाल गुलाबी गाल पे काला ।

♫ मम प-धध निध सांसांसां-गंनि सां-, नि-नि निसां-सां- निसांरें सां ध-प- ।

अंतरा-2

संदल तिलक है मंगल लगता, श्यामलहरि के भाल पे पीला ।

अंतरा-3

जूहीचमेली कोमल कलिका, बालों में डाले बाल गोपाला ।

अंतरा-4

जल केलि में ललिता ललना, नंद का लाला खेलत लीला ।

स्थायी

सा	**रे**	**म**	**म**	**प**	**–**	**प**	**–**	**प**	**म**	**प**	**सां**	**ध**	**–**	**प**	**–**
ला	–	ल	गु	ला	ऽ	ली	ऽ	फू	–	ल	की	मा	ऽ	ला	ऽ
म	**–**	**म**	**म**	**प**	**–**	**प**	**–**	**ध**	**ध**	**म**	**प**	**ग**	**–**	**रे**	**सा**
डा	ऽ	ल	ग	ले	ऽ	में	ऽ	मु	र	ली	–	वा	ऽ	ला	–
सा	**रे**	**म**	**म**	**प**	**–**	**प**	**–**	**प**	**म**	**प**	**सां**	**ध**	**–**	**प**	**–**
गो	–	कु	ल	वा	ऽ	ला	ऽ	बा	ऽ	ल	क	ग्वा	ऽ	ला	ऽ
म	**–**	**म**	**म**	**प**	**–**	**प**	**–**	**ध**	**ध**	**म**	**प**	**ग**	**–**	**रे**	**सा**
झू	ऽ	ल	त	झू	ऽ	ले	ऽ	प	र	ब्र	ज	बा	ऽ	ला	–

अन्तरा

म	**म**	**प**	**–**	**ध**	**ध**	**नि**	**ध**	**सां**	**सां**	**सां**	**–**	**रें**	**नि**	**सां**	**–**
ति	ल	का	ऽ	ज	ल	का	ऽ	व	न	मा	ऽ	ली	ऽ	के	ऽ
नि	**–**	**नि**	**नि**	**सां**	**–**	**सां**	**–**	**नि**	**सां**	**रें**	**सां**	**ध**	**–**	**प**	**–**
ला	ऽ	ल	गु	ला	ऽ	बी	ऽ	गा	ऽ	ल	पे	का	ऽ	ला	ऽ

५२. योगेश्वर श्रीकृष्ण वंदना

राग यमन कल्याण, कहरवा ताल

स्थायी : संतन वंदन करते हैं तुमको, देवकी नंदन जै जय जय हो ।

अंतरा : 1. नाथ जगत के तारक तुम हो, विघ्न विनाशक माधव जय हो ।

2. भक्ति योग तुम दीना जग को, भगत सखा प्रभु मोहन जय हो ।

3. कर्मयोग योगेश्वर तुमसे, पार्थ सारथि केशव जय हो ।

<u>स्थायी</u>

X				0				X				0			
–	प–	प	म॑	रे	म॑	म॑	ग	–	पप	प	म॑	रे	म॑	म॑	ग
ऽ	संऽ	त	न	वं	ऽ	द	न	ऽ	कर	ते	हैं	तु	म	को	ऽ
–	ऩिध़	ऩि	रे	म॑	–	म॑	म॑	–	म॑ध	नि	ध	प	प	म॑	ग
ऽ	देऽ	व	की	नं	ऽ	द	न	ऽ	जैऽ	ज	य	ज	य	हो	ऽ
प	प–	प	म॑	रे	म॑	म॑	ग	–	पप	प	म॑	रे	म॑	म॑	ग
ऽ	संऽ	त	न	वं	ऽ	द	न	ऽ	कर	ते	हैं	तु	म	को	ऽ

<u>अंतरा–1</u>

X				0				X				0			
–	प–	प	प	सां	सां	सां	–	–	निरें	गं	रें	नि	रें	सां	–
ऽ	नाऽ	थ	ज	ग	त	के	ऽ	ऽ	ताऽ	र	क	तु	म	हो	ऽ
–	पप	सां	नि	प	–	म॑	ग	–	म॑ध	नि	ध	प	प	म॑	ग
ऽ	विघ्	न	वि	ना	ऽ	श	क	ऽ	माऽ	ध	व	ज	य	हो	ऽ
प	प–	प	म॑	रे	म॑	म॑	ग	–	पप	प	म॑	रे	म॑	म॑	ग
ऽ	संऽ	त	न	वं	ऽ	द	न	ऽ	कर	ते	हैं	तु	म	को	ऽ

५३. गोवर्धनधारी श्रीकृष्ण

स्थायी : गोवर्धन को उठाए हरि, देखो देखो जी लीला खरी ।
उँगली पर धरे, वो समूचा गिरी, और बजाए मिठी बाँसुरी ।।

अंतरा : 1. मथुरा के परे पास में, मधुबन की हरी घास में ।
गोप गोपी लगे खेल में, श्री हरि थे सखा साथ में ।
मूसला वर्षा कड़ी, जब अचानक गिरि ।
व्रज में चिंता भयानक पड़ी ।। उँगली पर धरे ...

2. व्रज वासी खड़े आस में, थे बड़े आज विश्वास में ।
सब खड़े थे गिरि के तले, सब ने आशा धरी मन में ।
चाहे जितनी बुरी, व्रज में बारिश गिरी ।

सबको दुख से बचाए हरि ।। उँगली पर धरे ...

3. इन्द्र भगवान् जब थक गये, बरसा कर बादल अक गये ।
शक्र हार गये आखरी, झट से वर्षा फिर बंद करी ।
बोले तेरी खरी, होवे जै जै हरि ।
तेरी लीला है जादू भरी ।। उँगली पर धरे ...

स्थायी

		X				0				X				0			
सा	सा	ध	–	ध	ध	प	–	ग	ग	म	–	–	–	–	–	म	म
गो	वर्	धन	ऽ	को	उ	ठा	ऽ	ए	ह	रि	ऽ	ऽ	ऽ	ऽ	ऽ	दे	खो
		ग	–	ध	म	ग	–	म	ग	रे	–	–	–	–	–	नि	सा
		दे	ऽ	खो	जी	ली	ऽ	ला	ख	री	ऽ	ऽ	ऽ	ऽ	ऽ	ऊँ	ग
		रे	–	ध	ध	प	–	नि	सा	रे	–	ध	ध	प	–	नि	सा
		ली	ऽ	पर	ध	रे	ऽ	वो	स	मू	ऽ	चा	गि	रि	ऽ	और	ब
		रे	–	ग	म	प	प	–	ग	म	–	–	–	–	–	सा	सा
		जा	ऽ	ए	मी	ठी	बाँ	ऽ	सु	री	ऽ	ऽ	ऽ	ऽ	ऽ	गो	वर्
		ध	–	ध	नि	प	–	ग	प	प	म	–	–	–	–	–	–
		धन	ऽ	को	उ	ठा	ऽ	ए	ह	रि	ऽ	ऽ	ऽ	ऽ	ऽ	ऽ	ऽ

अंतरा–1

		X				0				X				0			
सां	सां	नि	–	रें	सां	(नि)ध	–	नि	ध	म	–	–	–	–	–	म	ध
म	थु	रा	ऽ	के	प	रे	ऽ	पा	स	में	ऽ	ऽ	ऽ	ऽ	ऽ	म	धु
		ग–	–	म	ध	ग	–	म	ग	रे	–	–	–	–	–	सां	सां
		बन	ऽ	की	ह	री	ऽ	घा	स	में	ऽ	ऽ	ऽ	ऽ	ऽ	गो	प
		नि	–	रें	सां	(नि)ध	–	नि	ध	म	–	–	–	–	–	म	ध
		गो	ऽ	पी	ल	गे	ऽ	खे	ल	में	ऽ	ऽ	ऽ	ऽ	ऽ	श्री	ह
		ग	–	म	ध	ग	–	म	ग	रे	–	–	–	–	–	नि	सा
		रि	ऽ	थे	स	खा	ऽ	सा	थ	में	ऽ	ऽ	ऽ	ऽ	ऽ	मूस	ला
		रे	–	ध	ध	प	–	नि	सा	रे	–	ध	ध	प	–	नि	सा
		वर्	ऽ	षा	क	ड़ी	ऽ	जब	अ	चा	ऽ	नक	गि	री	ऽ	व्रज	में
		रे	–	ग	म	प	–	प	ग	म	–	–	–	–	–	सा	सा
		चिं	ऽ	ता	भ	या	ऽ	नक	प	ड़ी	ऽ	ऽ	ऽ	ऽ	ऽ	गो	वर्
		ध–	–	ध	नि	प	–	ग	प	प	म	–	–	–	–	–	–
		धन	ऽ	को	उ	ठा	ऽ	ए	ह	रि	ऽ	ऽ	ऽ	ऽ	ऽ	ऽ	ऽ

५४. कृष्ण के नाम

राग : बिलावल, तीन ताल

स्थायी : साथ सभी हम मिल कर गाएँ, किशन के मंगल नाम सुनाएँ ।

अंतरा : 1. माधव केशव भाते सबको, देवकीनंदन मन भरमाए ।

2. पावन गायन गाते तुमरो, गिरिधर हमको सब मिल जाए ।

स्थायी

0				3				X				2			
धनि	सां	ध	प	म	ग	म	रे	ग	प	निध	नि	सां	–	सां	–
साऽ	ऽ	थ	स	भी	ऽ	ह	म	मि	ल	कऽ	र	गा	ऽ	एँ	ऽ
ग	म	प	ग	म	रे	सा	सा	ध	नि	सां	रें	सांरें	संनि	धप	मग
कि	श	न	के	मं	ऽ	ग	ल	ना	ऽ	म	सु	माऽ	ऽऽ	एऽ	ऽऽ
धनि	सां	ध	प	म	ग	म	रे	ग	प	निध	नि	सां	–	सां	–
साऽ	ऽ	थ	स	भी	ऽ	ह	म	मि	ल	कऽ	र	गा	ऽ	एँ	ऽ

अंतरा–1

0				3				X				2			
प	–	नि	नि	सां	–	सां	सां	सां	गं	गं	मं	गं	रें	सां	–
मा	ऽ	ध	व	के	ऽ	श	व	भा	ऽ	ते	ऽ	स	ब	को	ऽ
सां	गं	रें	सां	सां	नि	ध	प	ध	नि	सां	रें	सांरें	संनि	धप	मग
दे	ऽ	व	की	नं	ऽ	द	न	म	न	भ	र	माऽ	ऽऽ	एऽ	ऽऽ
धनि	सां	ध	प	म	ग	म	रे	ग	प	निध	नि	सां	–	सां	–
साऽ	ऽ	थ	स	भी	ऽ	ह	म	मि	ल	कऽ	र	गा	ऽ	एँ	ऽ

स्थायी तान : साथ सभी हम

गप धनि सांरें सांनि । धप मग मरे सा–

५५. गोकुल धाम

राग आसावरी; कहरवा ताल

स्थायी : नंद, बलरामा, संग सुदामा, देवकी नंदन हरि घनश्यामा ।

ग्वालिन राधा, मैया यशोदा, गोपी गोपाला, गोकुल धामा ।।

अंतरा : 1. मेरी जीवन सागर नैया, कृष्ण कन्हैया, कहत सुदामा ।

नंद के घर से माखन छुपके, लात दमोदर, खात सुदामा ।।

2. **मधुबन में हरि धेनु चरावत, संग गवन के जात सुदामा ।**
जमुना तट पर फोरत मटकी, नंद लाल के, साथ सुदामा ।।
3. **पनघट पर जब बांसुरी बाजे, सुध बुध खो कर, गात सुदामा ।**
जल क्रीडा से वस्त्र गोपी के, श्याम चुरावत, लजत सुदामा ।।
4. **कंस मिलन जब जात मुकुंदा, राधा यशोदा रोत सुदामा ।**
द्वारिका नगरी राज महल में, कृष्ण से करता, बात सुदामा ।।

स्थायी

X				0				X				0			
–	पध	म	प	ग	–	रे	सा	–	रेम	प	सां	(नि)ध	–	प	–
ऽ	नंद	ब	ल	रा	ऽ	मा	ऽ	ऽ	संऽ	ग	सु	दा	ऽ	मा	ऽ
–	पध	सां	रें	सांरें	ग	रें	सां	–	सांनि	रें	सां	(नि)ध	–	नि	प
ऽ	देऽ	व	की	नंऽ	ऽ	द	न	ऽ	हरि	घ	न	श्या	ऽ	मा	ऽ
–	पध	म	प	ग	–	रे	सा	–	रेम	प	सां	(नि)ध	–	प	–
ऽ	ग्वाऽ	लि	न	रा	ऽ	धा	ऽ	ऽ	मैऽ	या	य	शो	ऽ	दा	ऽ
–	पध	सां	रें	सांरें	ग	रें	सां	–	सांनि	रें	सां	(नि)ध	–	नि	प
ऽ	गोऽ	पी	गो	पाऽ	ऽ	ला	ऽ	ऽ	गोऽ	कु	ल	धा	ऽ	मा	ऽ
–	पध	म	प	ग	–	रे	सा	–	रेम	प	सां	(नि)ध	–	प	–
ऽ	नंद	ब	ल	रा	ऽ	मा	ऽ	ऽ	संऽ	ग	सु	दा	ऽ	मा	ऽ

अंतरा–1

X				0				X				0			
–	म	–	प	(नि)ध	–	प	ध	–	सां	–सां	सां	सां	–	सां	–
ऽ	मे	ऽ	री	जी	ऽ	व	न	ऽ	सा	–ग	र	नै	ऽ	या	ऽ
–	पप	प	ध	सां	–	सां	–	–	सांगं	रें	सां	ध	–	प	–
ऽ	कृष्	ष्ण	क	न्है	ऽ	या	ऽ	ऽ	कह	त	सु	दा	ऽ	मा	ऽ
–	पध	म	प	ग	ग	रे	सा	–	रेम	प	सां	ध	ध	प	–
ऽ	नंऽ	द	के	घ	र	से	ऽ	ऽ	माऽ	ख	न	छु	प	के	ऽ
–	पध	सां	रें	सांरें	गं	रें	सां	–	सांनि	रें	सां	ध	–	नि	प
ऽ	लाऽ	त	द	मोऽ	ऽ	द	र	ऽ	खाऽ	त	सु	दा	ऽ	मा	ऽ
–	पध	म	प	ग	–	रे	सा	–	रेम	प	सां	(नि)ध	–	प	–
ऽ	नंद	ब	ल	रा	ऽ	मा	ऽ	ऽ	संऽ	ग	सु	दा	ऽ	मा	ऽ

५६. हे गिरिधारी

राग : यमन कल्याण, कहरवा ताल

स्थायी

हे गिरिधारी! कुंज विहारी! हरि बनवारी! तारो हमें ।

♫ नि़- रेगमं-मं-! ध-प मंग-मं-! गग मंमंप-प-! नि-ध पमं- ।

अंतरा-1

कृपा से प्यारे, पाहि मुरारे! शरण तिहारी, लीजो हमें ।

♫ सारे- रे ग-ग-, प-मं गरे-ग-! धधप मंग-मं-, नि-ध पमं- ।

अंतरा-2

नैन के तारे! हिया पुकारे, चरण तिहारे, दीजो हमें ।

अंतरा-3

दरस तुम्हारे परम सुखारे! पार किनारे, कीजो हमें ।

५७. फोरी गगरिया

खयाल : राग भैरवी, तीन ताल 16 मात्रा

स्थायी

मार कंकरिया फोरी गगरिया ।

भीग गई रे कान्हा, मोरी चुनरिया ।

♫ नि़साग मपधपम ग-प मरेरेसा- ।

पधनि सांप नि धप, ग-प मरेरेसा- ।

अंतरा-1

जमुना से मैं सखी, अपनी डगरिया ।

नीर नयन की न, लीन्ही खबरिया ।।

♫ धमध नि सां- सांसां, सांगंरें गंसांरेंसां- ।

सांरेंनि सांपनि ध प ग-प मरेरेसा- ।।

अंतरा-2

जमुना का नीर न, मोरी गगरिया ।

कैसी अब जाऊँ सखी, अपनी अटरिया ।।

५८. कृष्ण लीला

राग : भीमपलासी, कहरवा ताल

स्थायी

हरि पग में आकर एकबार, कृष्ण लीला का देख दीदार ।
इन्द्र पे जिन को था एतबार, आज उन्हीं की कृष्ण मदार ।।

♫ रेरे रेरे रेग रेसारेरे गगम-म, ध-प पम- ग- प-म गरे-रे ।
रे-रे रे रेग मरे ग- पमग-ग, ध-प मग- प- प-म गरे-रे ।।

अंतरा-1

भाग में जिन दुर्भाग लिखा है, आप में जिनको पाप दिखा है ।
हो न सका जिनका कोई यार, हुआ है उनको कृष्ण से प्यार ।।

♫ सां-नि नि निनि धपसां-नि धप- ध-, सांनि ध पपध- नि-ध पम- प- ।
रे- रे रेरेग रेसारे- गग म-म, धप- प ममग- प-म ग रे-रे ।।

अंतरा-2

भाई न बंधु पास हैं जिनके, प्राण उदास भये हैं जिनसे ।
जिनको मिला न किसी का प्यार, उन्हें चाहिये कृष्ण का द्वार ।।

अंतरा-3

भवसागर में जो डूबा है, माया चक्कर से ऊबा है ।
जिसे दुखाता है संसार, उसे कृष्ण का है आधार ।।

अंतरा-4

जीवन जिनका लाड़ प्यार में, दिन हैं गुजरे दोस यार में ।
जिनका बसा है खुश घरदार, वो भी चाहते कृष्ण कुमार ।।

५९. बरसाने की राधा

कहरवा ताल

स्थायी : हाय रे! अदा तोरी क़ातिल, ओऽ बरसाने की रधिया! ।

अंतरा : 1. मुड़ मुड़ काहे को, मारे नज़रिया ।
काट करजवा को लेगयी, होऽ गोरी ग्वालिन गुड़िया ।।

2. चुप चुप जाऊँ मैं जमुना की नदिया,
मार कंकरिया वो फोरी, होऽ कान्हा मोरी गगरिया ।।

3. नट खट आयो री मोरी डगरिया,
धरके कलाई बरजोरी, होऽ कीनी रार कनईया ।।

स्थायी

X				0				X				0			
–	मम	प	प	प	–	प	ध	म	–	प	प	नि	–	ध	प
ऽ	हाय	रे	अ	दा	ऽ	तो	री	क़ा	ऽ	ति	ल	ओ	ऽ	ब	र
प	ध	पध	प	म	म	म	–	–	मम	प	प	प	–	प	ध
सा	ऽ	नेऽ	की	र	धि	या	ऽ	ऽ	हाय	रे	अ	दा	ऽ	तो	री
–	म	प	प	नि	–	ध	प	ध	–	पध	प	म	म	म	–
ऽ	क़ा	ति	ल	ओ	ऽ	ब	र	सा	ऽ	नेऽ	की	र	धि	या	ऽ
–	प	नि	नि	सां	–	सां	सां	–	सां	सां	सां	सांरें	गं	रें	सां
ऽ	हाय	रे	अ	दा	ऽ	तो	री	ऽ	क़ा	ति	ल	ओ	ऽ	ब	र
सां	रें	सांरें	सां	नि	नि	ध	प	–	मम	प	प	प	–	प	ध
सा	ऽ	नेऽ	की	र	धि	या	ऽ	ऽ	हाय	रे	अ	दा	ऽ	तो	री

अंतरा–1

X				0				X				0			
–	पप	नि	नि	सां	–	सां	सां	सां	नि	निसां	रेंसां	नि	ध	प	–
ऽ	मुड़	मु	ड़	का	ऽ	हे	को	मा	ऽ	रेऽ	नऽ	ज	रि	या	ऽ
–	प	प	प	प	प	प	ध	म	–	प	प	नि	–	ध	प
ऽ	का	ट	क	र	ज	वा	को	ले	ऽ	ग	यी	हो	ऽ	गो	री
प	ध	पध	प	म	म	म	–	–	मम	प	प	प	–	प	ध
ग्वा	ऽ	लिऽ	न	गु	ड़ि	या	ऽ	ऽ	हाय	रे	अ	दा	ऽ	तो	री
म	–	प	प	नि	–	ध	प	ध	–	पध	प	म	म	म	–
क़ा	ऽ	ति	ल	ओ	ऽ	ब	र	सा	ऽ	नेऽ	की	र	धि	या	ऽ

६०. राधा नंदकिशोर

कहरवा ताल

स्थायी : खेलत राधा नंद किशोर, नंद किशोर सखि नंद किशोर ।
गोकुल वाला माखन चोर ।।

अंतरा : 1. ग्वालिन राधा, झूलत झूला, आनंद चारों ओर ।।
2. बाँसुरी की धुन, सुनत गोपिका, नाचत मन का मोर ।।
3. गोप सुदामा अरु बलरामा, गावत सुधबुध छोड़ ।।
4. बांधत नटखट मात यशोदा, टूटी जावे डोर ।।
5. सावन बरखा, रिमझिम बरसत, काली घटा घन घोर ।।

स्थायी

X				0				X				0			
म	प	म	ग	म	–	प	–	नि	ध	प	म	म	–	–	म
खे	ऽ	ल	त	रा	ऽ	धा	ऽ	नं	ऽ	द	कि	शो	ऽ	ऽ	र
ध	–	नि	नि	ध	–ध	प	म	ध	प	धसां	नि	ध	–	प	म
नं	ऽ	द	कि	शो	ऽर	स	खि	नं	ऽ	दऽ	कि	शो	ऽ	ऽ	र
म	प	म	ग	म	–	पध	मप	नि	ध	प	म	म	–	–	म
गो	ऽ	कु	ल	वा	ऽ	लाऽ	ऽऽ	मा	ऽ	ख	न	चो	ऽ	ऽ	र
म	प	म	ग	म	–	प	–	नि	ध	प	म	म	–	–	म
खे	ऽ	ल	त	रा	ऽ	धा	ऽ	नं	ऽ	द	कि	शो	ऽ	ऽ	र

अंतरा–1

X				0				X				0			
–	मप	नि	नि	सां	–	सां	–	–	सां	–सां	सां	नि	सां	नि	ध
ऽ	ग्वाऽ	लि	न	रा	ऽ	धा	ऽ	ऽ	झू	ऽल	त	झू	ऽ	ला	ऽ
–	मप	नि	नि	सां	–	सां	–	–	रेंगं	मंगं	रें	नि	सां	नि	ध
ऽ	ग्वाऽ	लि	न	रा	ऽ	धा	ऽ	ऽ	झूऽ	ऽल	त	झू	ऽ	ला	ऽ
–	ध	ध	ध	ध	प	ध	सां	नि	–	ध	–	प	–	म	–
ऽ	आ	नं	द	चा	ऽ	रों	ऽ	ओ	ऽ	ऽ	ऽ	ऽ	ऽ	र	ऽ
म	प	म	ग	म	–	प	–	नि	ध	प	म	म	–	–	म
खे	ऽ	ल	त	रा	ऽ	धा	ऽ	नं	ऽ	द	कि	शो	ऽ	ऽ	र

६१. नंदकिशोर श्रीकृष्ण

तीन ताल

स्थायी : नंद किशोर को याद करले ।
सुख दुख चिंता उस पर छोड़ दे ।।

अंतरा : 1. प्रभु बिन अब तेरा, कौन है कौन है ।
जरा दिल की सुन, हरि बिन दुखियारा ।।

2. अरज बिना प्रभु, मौन है मौन है ।
याद करे तो, जीवन उजियारा ।।

3. हरि बिन क्या कुछ, और है और है ।
अरु कछु हो न हो, उस बिन नहीं चारा ।।

स्थायी

0				3				X				2			
रेम	पनि	प	म	पनि	पम	रे	सा	रे	–	–	रे	म	रे	ऩि	सा
नंऽ	ऽऽ	द	कि	शोऽ	ऽऽ	र	को	या	ऽ	ऽ	द	क	र	ले	ऽ
प़	प़	ऩि	ऩि	सा	–	सा	–	रे	म	नि	पम	रे	–	सा	सा
सु	ख	दु	ख	चिं	ऽ	ता	ऽ	उ	स	प	रऽ	छो	ऽ	ड़	दे
रेम	पनि	प	म	पनि	पम	रे	सा	रे	–	–	रे	म	रे	ऩि	सा
नंऽ	ऽऽ	द	कि	शोऽ	ऽऽ	र	को	या	ऽ	ऽ	द	क	र	ले	ऽ

अंतरा–1

0				3				X				2			
म	म	म	म	प	प	नि	नि	सां	–	सां	सां	रें	ऽ	सां	सां
प्र	भु	बि	न	अ	ब	ते	रा	कौ	ऽ	न	है	कौ	ऽ	न	है
नि	सां	रें	रे	मं	–	रें	सां	निसां	रेंसां	निप	म–	पनि	पम	रेसा	ऩिसा
ज	रा	दि	ल	की	ऽ	सु	न	हऽ	रिऽ	बिऽ	नऽ	दुऽ	खिऽ	याऽ	राऽ
रेम	पनि	प	म	पनि	पम	रे	सा	रे	–	–	रे	म	रे	ऩि	सा
नंऽ	ऽऽ	द	कि	शोऽ	ऽऽ	र	को	या	ऽ	ऽ	द	क	र	ले	ऽ

६२. रास रचत श्री गोपाल

ध्रुपद : राग तिलक कामोद – चौताल

स्थायी : रास रचत श्री गोपाल, राधा रमण नंदलाल ।
बंसी मधुर मंद चाल, संग गोप सारे ।।

अंतरा : 1. गीत ललित सुगम ताल, तिलक भाल रंग लाल ।
मोर मुकुट पुष्प माल, गोल नयन कारे ।।

2. नाच करत ठुमक ठुमक, चारु नाद छंद साथ ।
करत नमन जोड़ हाथ, कृष्ण भजन प्यारे ।।

स्थायी

X		0		2		0		3		4	
ग	रे	म	ग	सा	सा	सा	रे	ग	नि़	सा	सा
रा	ऽ	स	र	च	त	श्री	ऽ	गो	पा	ऽ	ल
नि़	प़	नि़	सा	सा	सा	रे	प	म	गरे	ग	सा
रा	ऽ	धा	र	म	ण	नं	ऽ	द	लाऽ	ऽ	ल
सा	–	सा	रे	ग	सा	मरे	म	म	प	–	प
बं	ऽ	सी	म	धु	र	मंऽ	ऽ	द	चा	ऽ	ल
म	रे	रे	म	प	प	मप	धप	म	–	ग	रे
सं	ऽ	ग	गो	ऽ	प	साऽ	ऽऽ	रे	ऽ	ऽ	ऽ
ग	रे	म	ग	सा	सा	सा	रे	ग	नि़	सा	सा
रा	ऽ	स	र	च	त	श्री	ऽ	गो	पा	ऽ	ल

अंतरा–1

X		0		2		0		3		4	
म	प	नि	नि	नि	नि	सां	सां	सां	रेंनि	सां	सां
गी	ऽ	त	ल	लि	त	सु	ग	म	ताऽ	ऽ	ल
प	नि	नि	नि	सां	सां	पनि	सांरें	सां	नि	ध	प
ति	ल	क	भा	ऽ	ल	रंऽ	ऽऽ	ग	ला	ऽ	ल
प	–	रें	रें	रें	रें	नि	सां	रें	नि	ध	प
मो	ऽ	र	मु	कु	ट	पु	ऽ	ष्प	मा	ऽ	ल
म	रे	रे	^{प}म	प	प	मप	धप	म	–	ग	रे
गो	ऽ	ल	न	य	न	काऽ	ऽऽ	रे	ऽ	ऽ	ऽ
ग	रे	म	ग	सा	सा	सा	रे	ग	नि़	सा	सा
रा	ऽ	स	र	च	त	श्री	ऽ	गो	पा	ऽ	ल

६३. रास लीला

कहरवा ताल 8 मात्रा

स्थायी : श्याम सलोना नंद गोपाला, रंग साँवला हरि ब्रज बाला ।।

अंतरा :
1. सिर पर मोर मुकुट है डाला, गिरिधर काली कमली वाला,
पग में पायल गल बन माला ।।
2. गौवन पाला गोकुल ग्वाला, मोहन प्यारा है मतवाला,
दधि माखन को चुराने वाला ।।
3. राधे गोविंदा मुरली वाला, नंद का नंदन श्यामल काला,
गोप गोपी का प्रिय मतवाला ।।

स्थायी

X				0				X				0			
सा	–	ग	प	म	–	ग	सा	ग	–	नि़	नि़	सा	–	सा	–
श्या	ऽ	म	स	लो	ऽ	ना	ऽ	नं	ऽ	द	गो	पा	ऽ	ला	ऽ
प	–	प	प	नि	म	प	–	मम	ग	सा	सा	ग	म	म	–
रं	ऽ	ग	साँ	ऽ	व	ला	ऽ	हरि	ब्र	ऽ	ज	बा	ऽ	ला	ऽ
सा	–	ग	प	म	–	ग	सा	ग	–	नि़	नि़	सा	–	सा	–
श्या	ऽ	म	स	लो	ऽ	ना	ऽ	नं	ऽ	द	गो	पा	ऽ	ला	ऽ

अंतरा–1

X				0				X				0			
प	प	प	ध	ध	नि	नि	नि	ध	नि	प	ध	ध	नि	नि	–
सि	र	प	र	मो	ऽ	र	मु	कु	ट	है	ऽ	डा	ऽ	ला	ऽ
प	प	प	ध	ध	नि	नि	–	ध	नि	प	ध	ध	नि	नि	–
गि	रि	ध	र	का	ऽ	ली	ऽ	क	म	ली	ऽ	वा	ऽ	ला	ऽ
प	प	प	ध	नि	सां	सां	सां	सां	नि	रें	सां	ध	–	प	–
प	ग	में	ऽ	पा	ऽ	य	ल	ग	ल	ब	न	मा	ऽ	ला	ऽ
सा	–	ग	प	म	–	ग	सा	ग	–	नि़	नि़	सा	–	सा	–
श्या	ऽ	म	स	लो	ऽ	ना	ऽ	नं	ऽ	द	गो	पा	ऽ	ला	ऽ

६४. घनश्याम श्रीकृष्ण

स्थायी

गर मेरे घर आए, हरि घनश्याम,
सब कुछ कर दूँ, कृष्ण के नाम ।
देखूँ राह मैं चारों याम,
आओ कनाई! मेरे धाम ।।

♬ साम मम मप मग, गम पमप-प,
पप पध पप म-, रे-ग ग म-म ।
सामम- प-म ग गमपम प-प,
प-प धपमम-! रे-ग- म-म ।।

अंतरा-1

दधि-माखन मेरे द्वारे, खाओ जी भर कर प्यारे! ।
गोप गोपिका मितर ललाम, लाओ सुदामा संग बलराम ।।

♬ धनि ध-पप म-प- ध-नि, ध-धम मध निसां धप मगम- ।
सामम मपमग- गमप मप-प, प-प धपमम- रेरे गगम-म ।।

अंतरा-2

मन मंदिर में ज्योति जगे, भगती विनय का भोग लगे ।
भजनन मेरे मुख, भगवान्! सुमिरन तेरा शुभ अभिराम ।।

अंतरा-3

चित्त हमारा तुमरे पासा, तुमरे पग की अभिलासा ।
पूरण हों मेरे अरमान, नत हिरदय से परम प्रणाम ।।

६५. हे प्रभो! तेरी दुआ

राग : मालकंस, तीन ताल

स्थायी

प्रभु तेरी दुआ से जीना है, अरु तेरी दुआ से मरना है ।

♫ मम गमग सनि़सा धनि सा-म- म-, मम गमग सानि़सा धनि सासाम- म- ।

अंतरा-1

अब दे दे जो कुछ देना है, वापस ले जब लेना है ।
तेरी दुआ से जीना मरना, तेरे हाथ में सब कुछ है ।।

♫ गग म- ध- ध- धध सांगंनि- सां-, नि-निनि नि- निनि धनि़सांनि- धम ।
सां-सां सांगं- गं- सांमंगंसां निनिसां-, सांमंगंसां नि-सां सां धनि सांनि धमगसा ।।

अंतरा-2

मेरे सपने मेरे अपने, तेरी कृपा से सब शुभ हैं ।
तेरी दुआ और तेरी किरपा, डोरी तेरे हाथ में है ।।

अंतरा-3

तेरी छाया तेरी माया, तेरी दया भी साथ में है ।
जग तेरे हाथ बिलौना है, तेरे हाथ खिलौना है ।।

६६. कान्हा

स्थायी

कृष्णा कहो, कहो कान्हा, केशव कहो, कहो काला ।

♫ सा-नि़- सारे-, गम- ग-रे-, ग-म- पम-, गरे- ग-म- ।

अंतरा-1

गोकुल का मुरली वाला, गल में गुलाब की माला ।
मोर मुकुट सिर पर डाला, गोविंद नैन का तारा ।।

♫ ग-गम रे- गगम- गरेग-, मम प- धप-म ग- प-म- ।
रे-ग मपप धप मग म-प, ग-ध-प म-ग म- ग-रे- ।।

अंतरा-2

माखन की करता चोरी, गोपी की मटकी फोरी ।
मैया कहती मैं हारी, मुख हरि का लगता भोला ।।

अंतरा-3

गिरिधर नागर गोपाला, देवकी नंदन है प्यारा ।
राधा उसी की दीवानी, मोहन है नंद का लाला ।।

६७. ओ हरी! तुम्हीं हो माता

मेरे माता पिताश्री तुम्हीं हो,
मेरे भ्राता सखा भी तुम्हीं हो ।
ज्ञान सोता सविता तुम्हीं हो,
मेरे धाता विधाता तुम्हीं हो ।।

♫ सानि़ सा–सा– सारे–सा– नि़सा– रे–,
सारे ग–ग– गम– ग– सारे–सा– ।
सा–नि़ सा–सा– सागरे– सारे–म–,
रेग प–म– गरे–म– गरे–सा– ।।

अंतरा–1

मेरे गानों की स्फूरत तुम्हीं हो,
मेरे ध्यानों की सूरत तुम्हीं हो ।
मेरे ख्वाबों की मूरत तुम्हीं हो,
मेरी साँसों के दाता तुम्हीं हो ।।

♫ रेग म–म– म प–म– गरे– म–,
गम प–प– प नि–ध– पम– प– ।
गरे म–म– म प–म– गरे– म–,
रेग म–म– ग प–म– गरे– दा– ।।

अंतरा–2

मेरे जीवन की गाथा तुम्हीं से, सारे जन्मों का नाता तुम्हीं से ।
मेरा जीना सुहाता तुम्हीं से, मेरे ताता और त्राता तुम्हीं हो ।।

अंतरा–3

मोहे भूमि पर लाया तुम्हीं ने, मोहे प्रीति से पाला तुम्हीं ने ।
मोहे मुक्ति दिलाना तुम्हीं ने, मेरी गीता कविता तुम्हीं हो ।।

अंतरा–4

तेरे चरणों में मेरी जगह हो, मेरे मुख में हरि! तू बसा हो ।
तेरी किरपा की छाया सदा हो, मेरे प्रारब्ध कर्ता तुम्हीं हो ।।

६८. प्रभु तेरी माया

स्थायी

♫ सारे-! सानि़सा- रेगरे-, रेंरेरे गपमग रेग रेगरे सा-

प्रभो! तेरी माया, ग्रहण करने में गहन है ।
मगर सच्चे मन से, स्मरण करके वो सुगम है ।।

अंतरा-1

♫ मप- धपम ग-, गम- पमग रे-, सारे- मगरेसा-

कोई नमन से, कोई भजन से, तुझे पूजता ।
कोई धन तथा, कोई सुख सदा, तुझे माँगता ।।
प्रभो! तेरी लीला, कथन करने में कठिन है ।
मगर पक्के मन से, मनन करना ही यजन है ।।

अंतरा-2

सदा चरण में, रहो शरण तो हरि साथ है ।
सभी जगत का, अनाथ जन का, वही नाथ है ।।
हरे! तेरी सेवा, सतत करना ही धरम है ।
सतत सच्चे मन से, करम करना उद्धरण है ।।

६९. प्रभु प्रेम

प्रभु से प्रेम पाने का, तरीका ये सुहाना है ।
हरि से प्रीत का सलीका, विनय से सिर झुकाना है ।।

♫ रेगम रे- गमरे ग-म- प-, धप-म- ग- पमगमग रे- ।
धप- म- सां-नि ध- पपध-, पमम ग- प- मगमग- रे- ।।

अंतरा-1

दुखे ना जिससे नर कोई, सुखी हो जिससे हर कोई ।
सभी को यार करना ही, हरि से प्यार करना है ।।

♫ रेधप म- गगरे गग म-प-, धप- म- गमरे मग प-म- ।
रेगम रे- ग-म रेगम- प-, धप- म- ग-प मगमग रे- ।।

अंतरा-2

अगर चंगा कहे कोई, बहुत निंदा करे कोई ।
सदा उपकार करना ही, हरि से प्यार करना है ।।

अंतरा-3

न जिसमें बैर है कोई, न जिसको गैर है कोई ।
सदा सुविचार करना ही, हरि से प्यार करना है ।।

६९. प्यार हुआ है

राग मालकंस

सुर मधु तेरी वेणु का, जबसे सुना अनूप ।
आस दरस की है लगी, सपनन आ सुर भूप ।।

रेरे गम ग-गा प-म प-, पपनि- धप- निध- ।
म-म ममम म- प- मग-, रेरेरेरे ध- पग म-म ।।

प्यार हुआ है मुझको सुर से ।

♫ गमग सानिसा धनि सासाम- गग म-म ।

अंतरा-1

प्यार हुआ है मुझको जब से,
मुरली मनोहर दामोदर से ।
ग्रीष्म गया है मेरे चित से,
बसंत बरखा नित बरसे ।।

ग-म मध- नि- सांसांसां- गंनिसां-,
निनिनि निनि-निनि धनिसांनिधम म- ।
सां-सां सांगं- गं- सांमंगंसां निनि सां-,
सांमं-गं सांनिसां- धनि सांनिधमगसा- ।।

अंतरा-2

रात न सूनीं कारी अँधेरीं, तरसाये चिंता न घनेरी ।
प्रीत मेरी धनुधर से जिगरी, बंसीधर से, श्रीधर से ।।

अंतरा-3

मीरा राधा जस बलिहारी, पार्थ सुदामा की जस यारी ।
चाह मेरी यदुवर से गहरी, बनवारी से, गिरिधर से ।।

७०. व्रज में होली

कहरवा ताल 8 मात्रा

स्थायी : सखी नंद होली का न्यारा, चले रंग रंग की धारा ।
आनंद होली का प्यारा, करे अंग अंग मतवारा ।।

अंतरा : 1. हरि आज होली की बेला, लो पिचकारी ब्रजबाला ।
राधा के रंग में रंग रंग लो, नंद नंद गोविंदा (ओ!) ।।

2. जिस रंग में राधा रंगी, कान्हा है जीवन संगी ।
होली के गीत हैं गात गोपिका, साथ बाँसुरी वाला (ओ!) ।।

3. सखी व्रज में मोद की वर्षा, और आज हर्ष की चर्चा ।
कान्हा के रंग में रंगी राधिका, कंज कंज व्रज सारा (ओ!) ।।

स्थायी

	X				0				X				0			
नि नि	नि	-	नि	नि	-	नि	नि	ध	प	ध	-	-	प	-	म	ग
स खी	नं	ऽ	द	हो	ऽ	ली	का	ऽ	न्या	ऽ	ऽ	ऽ	रा	ऽ	च	ले
	म	प	प	प	-	प	म	ग	म	-	-	-	म	-	नि	-
	रं	ऽ	ग	रं	ऽ	ग	की	ऽ	धा	ऽ	ऽ	ऽ	रा	ऽ	आ	ऽ
	नि	-	नि	नि	-	नि	नि	ध	प	ध	-	-	प	-	म	ग
	नं	ऽ	द	हो	ऽ	ली	का	ऽ	प्या	ऽ	ऽ	ऽ	रा	ऽ	क	रे
	म	प	प	प	-	प	म	ग	म	-	-	-	म	-	नि	नि
	अं	ऽ	ग	अं	ऽ	ग	म	त	वा	ऽ	ऽ	ऽ	रा	ऽ	स	खी

अंतरा–1

	X				0				X				0			
म म	नि	प	प	नि	-	नि	नि	-	सां	-	-	-	सां	-	नि	ध
ह रि	आ	ऽ	ज	हो	ऽ	ली	की	ऽ	बे	ऽ	ऽ	ऽ	ला	ऽ	लो	ऽ
	नि	रें	रें	-	रें	-	गं	रें	सां	-	-	-	सां	-	सां	-
	पि	च	का	ऽ	री	ऽ	ब्र	ज	बा	ऽ	ऽ	ऽ	ला	ऽ	रा	ऽ
	रें	नि	नि	नि	-	नि	नि	-	सां	ध	ध	ध	-	ध	प	ध
	धा	ऽ	के	रं	ऽ	ग	में	ऽ	रं	ऽ	ग	रं	ऽ	ग	लो	ऽ
	नि	-	ध	प	-	प	म	ग	म	-	-	-	म	नि	नि	नि
	नं	ऽ	द	नं	ऽ	द	गो	ऽ	विं	ऽ	ऽ	ऽ	दा	ओ	स	खी

७१. कृष्ण जनमदिन

राग काफी, कहरवा ताल

स्थायी : **झनन झनन झन्, रैना सारी बाजे, पैंजन की झनकार री ।**
सखी राधा के मन प्यार री ।।

अंतरा : 1. **जनम दिन है आज हरि का, वृंदावन त्यौहार री ।**
गल फूलन के हार हैं डारे, लाल पीले रंग दार री ।
सारी कुंज गलिन में, हरि की जै जै कार री ।।

2. **मोर मुकुट है शीश पे धारे, बंसीधर गोपाल री ।**
कर में मुरली नैन हैं कारे, तिलक चंदन लाल री ।
आज राधा से मिलने, मनवा है बेकरार री ।।

स्थायी

X				0				X				0			
नि	ध	प	नि	ध	प	प	–	म	–	नि	प	ग	रे	सा	नि
झ	न	न	झ	न	न	झन्	ऽ	रै	ऽ	ना	ऽ	सा	री	बा	जे
सा	–	रे	रे	ग	–	म	म	प	–	–	म	ग	रे	सा	नि
पैं	ऽ	ज	न	की	ऽ	झ	न	का	ऽ	ऽ	र	री	ऽ	स	खी
सा	–	रे	–	ग	–	म	म	पध	नि	–	प	ग	रे	सा	नि
रा	ऽ	धा	ऽ	के	ऽ	म	न	प्याऽ	ऽ	ऽ	र	री	ऽ	बा	जे
सा	–	रे	रे	ग	–	म	म	प	–	–	प	–	–	–	
पैं	ऽ	ज	न	की	ऽ	झ	न	का	ऽ	ऽ	र	ऽ	ऽ	ऽ	ऽ

अंतरा–1

X				0				X				0			
–	म	म	म	प	प	नि	–	–	निसां	नि	प	निसां	रें	रें	–
ऽ	ज	न	म	दि	न	है	ऽ	ऽ	आऽ	ज	ह	रिऽ	ऽ	का	ऽ
–	सां	रें	(सां)नि	ध	ध	म	प	नि	–	–	नि	सां	–	–	–
ऽ	वृं	ऽ	दा	व	न	त्यौ	ऽ	हा	ऽ	ऽ	र	री	ऽ	ऽ	ऽ
–	सांनि	ध	प	ध	ध	ध	–	–	ध	–नि	सां	रें	नि	ध	प
ऽ	गल	फू	ऽ	ल	न	के	ऽ	ऽ	हा	ऽर	हैं	डा	ऽ	रे	ऽ
–	नि	नि	नि	नि	–	सां	रें	सां	–	–	प	प	–	प	प
ऽ	ला	ल	पी	ले	ऽ	रं	ग	दा	ऽ	ऽ	र	री	ऽ	सा	री
म	–	नि	प	ग	रे	सा	–	–	सासा	रे	–	ग	–	म	–
कुं	ऽ	ज	ग	लि	न	में	ऽ	ऽ	हरि	की	ऽ	जै	ऽ	जै	ऽ
प	–	–	म	ग	रे	–	–								
का	ऽ	ऽ	र	री	ऽ	ऽ	ऽ								

७२. राधा दीवानी

स्थायी

मुरलीधर की मुरली है राधा, श्याम मनोहर राधारमण की ।

♫ सांसांनि-पध मग गमप ध नि-सां-, सां-गं मंमगंनिसां नि-सांसांनिसां निध ।

अंतरा-1

वृंदावन की कुंज गलिन में । कान्हा की मूरत राधा के मन में ।।

♫ गमधनिसांनि सां- पनिसां सांसांनिसां निध । सां-गं मं गं-निसां पनिसांरेंसां नि सांनि ध- ।।

अंतरा-2

नंद याशेदा गोप सुगमा, नाचत राधा संग बलरामा ।

अंतरा-3

व्रज भूमि में धुन मुरली की, अनहद मंगल जादू फेरी ।

अंतरा-4

राधा मुरली की बलिहारी, बंसीधर की बंसी प्यारी ।।

७३. विश्व दीदार

स्थायी

सखी! मुख में जिसके विश्व दीदार, किशन विराजे मन में हमार ।
हरि दरशन से आए खुमार, मेरो सब कुछ नंद कुमार ।।

♫ रेसा! रेग ग पमग- ध-प मप-प, गगम पम-ग- मप ध पम-म ।
गरे गमम्म म- प-ध निध-ध, सां-नि- धध पम प-म गरे-रे ।।

अंतरा-1

जग कहता है कृष्ण साँवला, अंग भुलाए जग है बावला ।
अंदर देखो, यदि एक बार, रंग हरि के हैं बेशुमार ।।

♫ गम पपध- ध- रें-सां नि-धप-, नि-ध पम-ग- मम प ध-पम- ।
रे-रेरे ग-ग-, धप- मग म-म, सां-नि धप- ध- प- म-गरे-रे ।।

अंतरा-2

भद्र जनन को पास धराने, असुर जनन का नास कराने ।
आया धरा पर फिर एक बार, सुन कर आर्त जनन की पुकार ।।

अंतरा-3

कृष्ण हमारा प्राण पियारा, नंद दुलारा जग उजियारा ।
हरि को बिठाओ मन में तुमार, हरि उतारे सब दुखभार ।।

७४. भज गोविंदम्

(संस्कृत)

स्थायी

ब्रह्मा त्वमेव, विष्णुस्त्वमेव, शम्भुस्त्वमेव, कृष्ण सखे! ।
सर्गस्त्वमेव, स्वर्गस्त्वमेव, सर्वं त्वमेव, कृष्ण हरे! ।।

♫ रे-रे- रेरे-रे, ग-ग-गग-ग, म-म-मम-म, प-म गरे-!
प-प-पप-प, ध-ध-धध-ध, प-प- पम-म प-म गरे-! ।।

अंतरा-1

ब्रह्मस्वरूपम्, अव्यक्तरूपम्, अचिन्तनीयं, क्लिष्टतरम् ।
कथनातीतं, स्मरणातीतं, सुगमं सुलभं कृष्ण! न ते ।।

♫ नि-धपध-नि-, ध-पमप-ध-, पम-गम-प- म-गरेसा- ।
सासारे-ग-ग, रेरेग-म-म-, पमग- रेगम- प-म! ग रे- ।।

अंतरा-2

विष्णुस्वरूपं, मानवरूपं, दृष्टिगोचरं, हर्षकरम् ।
लोचनकमलं, निर्मलविमलं, सर्वसुन्दरं, लक्ष्मीपते ।।

अंतरा-3

देवकीनन्दं, नन्दनन्दनं, राधारमणं, करुणपरम् ।
तिलकचन्दनं, जगद्वन्दनम्, भज गोविन्दं, हरे! हरे! ।।

७५. मथुरा जाने दे मुझको मैया

राग भीमपलासी : तीन ताल – कहरवा ताल

स्थायी : जाने दे मुझको मथुरा मैया,
संग मेरे बलदाऊ भैया ।।

अंतरा : 1. वृंदावन है स्वर्ग समाना, मथुरा मरघट बनी है दैया ।
मत जा कंस के पास कन्हैया ।।

2. दही माखन है वृंदावन में, गोप गोपिका ग्वाले गैया ।
मत जा मत जा पडूँ मैं पैंया ।।

3. सत् चित् आनंद अपने मन में, मथुरा बनी है मौत की शैया ।
जमुना के तू पार न जैंया ।।

स्थायी

2				0				3				X			
गम	पनि	ध	प	–	म	म	प	–	गरे	सा	नि़	सा	–	सा	–
जाऽ	नेऽ	दे	ऽ	ऽ	मु	झ	को	ऽ	मथु	रा	ऽ	मै	ऽ	या	ऽ
–	प़नि़	सा	ग	रे	–	सा	सा	–	प	–	गम	ग	रे	सा	–
ऽ	संऽ	ग	मे	रे	ऽ	ब	ल	ऽ	दा	ऽ	ऊऽ	भै	ऽ	या	ऽ
गम	पनि	ध	प	–	म	म	प	–	गरे	सा	नि़	सा	–	सा	–
जाऽ	नेऽ	दे	ऽ	ऽ	मु	झ	को	ऽ	मथु	रा	ऽ	मै	ऽ	या	ऽ

अंतरा–1

2				0				3				X			
–	गम	प	नि	सां	सां	सां	–	–	पनि	सां	गं	रें	–	सां	–
ऽ	वृंऽ	दा	ऽ	व	न	है	ऽ	ऽ	स्वर्	ग	स	मा	ऽ	ना	ऽ
–	निनि	सां	गं	रें	रें	सां	सां	–	नि	नि	नि	ध	–	प	–
ऽ	मथु	रा	ऽ	म	र	घ	ट	ऽ	ब	नी	है	दै	ऽ	या	ऽ
–	पप	गं	–	रें	–	सां	सां	–	पनि	सां	नि	ध	–	प	–
ऽ	मत	जा	ऽ	कं	ऽ	स	के	ऽ	पाऽ	स	क	न्है	ऽ	या	ऽ
गम	पनि	ध	प	–	म	म	प	–	गरे	सा	नि़	सा	–	सा	–
जाऽ	नेऽ	दे	ऽ	ऽ	मु	झ	को	ऽ	मथु	रा	ऽ	मै	ऽ	या	ऽ

७६. रे दुखी मन

स्थायी

रे दुखी मन, गोविंद गोविंद बोल । अंदर, नाम का अमरित घोल ।।

♫ म गरे गम–, ध–पम ग–मग रे– । ध–पम–, ग–म प ममगरे सा– ।।

अंतरा–1

सुख–दुख जग में आते–जाते, शीत उष्ण संकेत लुभाते ।

लालच, कर दे कौड़ी मोल ।।

♫ मग रेसा रेरे ग– ध–पम ग–म–, सा–रे ग–ग म–ध–प मग–रे– ।

सा–रेग–, धप मग– म–गरे सा– ।।

अंतरा–2

जग माया में क्यों तू डूबा, द्वंद्व–भाव से क्यों नहीं ऊबा ।

आखिर, अब तो आँखे खोल ।।

अंतरा–3

जाको तारे कृष्ण कन्हैया, पार लगे उसकी भव नैया ।

मत कर, बेड़ा डाँवाडोल ।।

७७. हरि प्राण मेरे

स्थायी

हरि प्राण मेरे, हरि आतमा हैं, हरि भूमि मेरी, हरि आसमाँ हैं ।

हरि बापु मेरे, हरि मेरी माँ हैं, हरि हर्ष मेरे, हरि हर समाँ हैं ।।

♫ सानि़– सा–रे ग–ग–, रेग– म–पम– ग–, मप– म–ग रे–म–, रेग– म–गरे– सा– ।

रेग– म–प ध–ध–, पध– नि–सां नि– ध–, निध– प–म ग–म–, पम– मम गरे– सा– ।।

अंतरा–1

हरि आस मेरी, हरि साँस मेरी । हरि लाज मेरी, हरि साधना हैं ।।

♫ सानि़– सा–रे ग–ग–, रेग– प–म ग–रे– । गरे– प–म ग–म–, पम– ग–रेसा– सा– ।।

अंतरा–2

हरि आर मेरी, हरि पार मेरी । हरि भानु मेरे, हरि चंद्रमा हैं ।।

अंतरा–3

हरि मेरी पूजा, हरि अर्चना हैं । हरि साज मेरे, हरि वन्दना हैं ।।

७८. किशन चरित

राग खमाज, कहरवा ताल

स्थायी

किशन चरित की रम्य कहानी, आँखों देखी सत्य बखानी ।

नारद मुनि की वाणी ।।

♫ मंधप मंपध नि- सां-गं रेंनिरेंसां-, रें-गंरें निरेंसां- नि-ध पमंधप- ।

ग-मंमं धध प- ग-मं- ।।

अंतरा-1

आधी अँधियारी रात में आयो, बहती सरिता पार करायो ।

जमुना जी का पानी ।।

♫ नि़-सा रेसानि़-सा- ग-रे सा नि-सा-, रेरेग- मंमंप- ध-प मंग-रे- ।

गगमं- ध- प- ग-मं- ।।

अंतरा-2

घर-घर गोकुल माखन चोरी, गोपन के संग खोलत होरी ।

गोपी कृष्ण दीवानी ।।

अंतरा-3

मोर मुकुट तिल काजल काला, पग में पायल गल वन माला ।

मुरली धुन मस्तानी ।।

अंतरा-4

कंस को नारद मुनि बतलायो, बार-बार उस को समझायो ।

एक न उसने मानी ।।

७९. राधे मुकुंद माधव

कहरवा ताल

स्थायी : हरि हरि बोल, हरि हरि बोल ।

राधे मुकुंद माधव हरि हरि बोल ।

राधे अनंत केशव हरि हरि बोल ।।

अंतरा : 1. गोपाल गोपाल हरि हरि बोल, गोविंद गोविंद हरि हरि बोल ।

आनंद आनंद जय जय बोल, गोपाल गोविंद आनंद बोल ।।

2. गिरिधारी गिरिधारी हरि हरि बोल, वनमाली वनमाली हरि हरि बोल ।

बनवारी बनवारी जय जय बोल, गोपाल गोविंद आनंद बोल ।।

3. कान्हा–तेरी अचंभे की लीला हो, कान्हा तेरी अनूठी ही माया, हो ।
सखे! कान्हा की, राधे की, जय जय बोल, गोपाल गोविंद आनंद बोल ।।

स्थायी

X				0				X				0			
सां	सां	सां	रें	सां	–	नि	ध	सां	नि	गं	रें	सां	–	–	सां
ह	रि	ह	रि	बो	ऽ	ऽ	ल	ह	रि	ह	रि	बो	ऽ	ऽ	ल
सां	सां	सां	रें	सां	–	नि	ध	नि	ध	नि	रें	सां	सां	म	ग
ह	रि	ह	रि	बो	ऽ	ऽ	ल	ह	रि	ह	रि	बो	ल	रा	धे
म	ध	–	नि	सां	–नि	–	ध	म	ध	म	ग	म	म	म	ग
मु	कुं	ऽ	द	मा	ऽध	ऽ	व	ह	रि	ह	रि	बो	ल	रा	धे
म	ध	–	नि	सां	–नि	–	ध	म	ध	म	ग	म	–	–	म
अ	नं	ऽ	त	के	ऽश	ऽ	व	ह	रि	ह	रि	बो	ऽ	ऽ	ल
सा	सा	ग	म	प	–	–	प	नि	ध	प	म	म	म	म	ग
ह	रि	ह	रि	बो	ऽ	ऽ	ल	ह	रि	ह	रि	बो	ल	रा	धे

अंतरा–1

X				0				X				0			
ध	–	ध	ध	ध	–	ध	ध	प	म	प	नि	ध	–	–	ध
गो	ऽ	पा	ल	गो	ऽ	पा	ल	ह	रि	ह	रि	बो	ऽ	ऽ	ल
प	–	प	प	प	–	प	ध	नि	ध	प	म	म	–	–	म
गो	ऽ	विं	द	गो	ऽ	विं	द	ह	रि	ह	रि	बो	ऽ	ऽ	ल
सां	–	सां	सां	सां	–	सां	सां	नि	ध	नि	सां	सां	–	–	सां
आ	ऽ	नं	द	आ	ऽ	नं	द	ज	य	ज	य	बो	ऽ	ऽ	ल
रें	–	रें	रें	रें	–	रें	रें	सां	नि	गं	रें	सां	सां	म	ग
गो	ऽ	पा	ल	गो	ऽ	विं	द	आ	ऽ	नं	द	बो	ल	रा	धे
म	ध	म	म	सां	–नि	–	ध	म	ध	म	ग	म	–	–	म
मु	कुं	ऽ	द	मा	ऽध	ऽ	व	ह	रि	ह	रि	बो	ऽ	ऽ	ल
सा	सा	ग	म	प	–	–	प	नि	ध	प	म	म	म	म	ग
ह	रिं	ह	रि	बो	ऽ	ऽ	ल	ह	रि	ह	रि	बो	ल	रा	धे

७. सीताराम भक्ति संगीत

८०. जै श्री राम

कहरवा ताल

स्थायी : गा शुभ नाम हरि के प्यारे ।
जनम जनम के पाप उतारे, तन के ताप उबारे ।।

अंतरा : 1. घेरेंगे जब घोर अंधेरे, मेघ घनेरे कारे ।
या छेड़ेंगे भय दुस्तारे, मन वीणा की तारें ।
छोड़ेंगे यदि साथ पियारे, भवसागर मझधारे ।।

2. बोलेंगे जब शबद दुखारे, निर्दय दुनियावारे ।
या काटेंगे साँप विषारे, भूखे मुख को पसारे ।
रोएँगे गर गम के मारे, तेरे प्राण बिचारे ।।

3. झेलेंगे तब रामजी प्यारे, दुख तन मन के सारे ।
खेलेंगे हरि खेल सुखारे, हरने ताप तुम्हारे ।
लेलेंगे प्रभु परम कृपारे, शरण में साँझ सकारे ।।

स्थायी

X				0				X				0			
–	ग	–प	ध	(सां)नि	–	ध	प	ग	रे	नि	–	सा	–	सा	–
ऽ	गा	ऽशु	भ	ना	ऽ	म	ह	रि	ऽ	के	ऽ	प्या	ऽ	रे	ऽ
–	पग	प	प	धसां	निसां	ध	–	धसां	नि	–	सां	ध	–	प	–
ऽ	ना–	म	ह	रिऽ	ऽऽ	के	ऽ	गाऽ	ऽ	ऽ	ऽ	रे	ऽ	ऽ	ऽ
–	सांसां	सां	सां	सां	सां	सां	–	नि	–	ध	प	ध	सां	सां	–
ऽ	जन	म	ज	न	म	के	ऽ	पा	ऽ	प	उ	ता	ऽ	रे	ऽ
–	सांसां	सां	रें	नि	ध	–म	प	ग	–	–	प	रे	–	नि	सा
ऽ	तन	के	ऽ	ता	ऽ	ऽप	उ	बा	ऽ	ऽ	ऽ	रे	ऽ	ऽ	ऽ
–	ग	–प	ध	(सां)नि	–	ध	प	ग	रे	नि	–	सा	–	सा	–
ऽ	गा	ऽशु	भ	ना	ऽ	म	ह	रि	ऽ	के	ऽ	प्या	ऽ	रे	ऽ

अंतरा–1

X				0				X				0			
–	सां	–	सां	सां	–	सां	सां	–	नि	–ध	प	पध	नि	नि	–
ऽ	घे	ऽ	रें	गे	ऽ	ज	ब	ऽ	घो	ऽर	अं	धेऽ	ऽ	रे	ऽ
–	धनि	ध	प	पग	–	प	नि	ध	प	प	–	–	–	–	–
ऽ	मेऽ	घ	घ	नेऽ	ऽ	रे	ऽ	का	ऽ	रे	ऽ	ऽ	ऽ	ऽ	ऽ
–	सां	–	सां	सां	–	सां	–	–	निनि	ध	प	पध	नि	नि	–
ऽ	या	–	छे	ड़ें	ऽ	गे	ऽ	ऽ	भय	दु	स्	ताऽ	ऽ	रे	ऽ
–	धनि	ध	प	पग	–	प	नि	ध	प	प	–	–	–	–	–
ऽ	मन	वी	ऽ	णाऽ	ऽ	की	ऽ	ता	ऽ	रें	ऽ	ऽ	ऽ	ऽ	ऽ
–	सां	–	सां	सां	–	रें	गं	–	नि	–ध	प	ध	सां	सां	–
ऽ	छो	ऽ	ड़ें	गे	ऽ	य	दि	ऽ	सा	ऽथ	पि	या	ऽ	रे	ऽ
–	सांसां	सां	रें	नि	ध	–म	प	ग	–	–	प	रे	–	ऩि	सा
ऽ	भव	सा	ऽ	ग	र	ऽ	मझ	धा	ऽ	ऽ	ऽ	रे	ऽ	ऽ	ऽ
–	ग	–प	ध	सां नि	–	ध	प	ग	रे	ऩि	–	सा	–	सा	–
ऽ	गा	ऽशु	भ	ना	ऽ	म	ह	रि	ऽ	के	ऽ	प्या	ऽ	रे	ऽ

८१. सियापति सुमिरन

राग बिलावल : तीन ताल / कहरवा ताल

स्थायी : राम सियापति प्राण पियारे, कपि बजरंगी दास तिहारे ।

अंतरा : 1. राम नरोत्तम भजु रे मन में, नाम मनोहर साँझ सकारे ।

2. करुणा किरपा कारज न्यारे, लीजो शरण में राघव प्यारे ।

3. हरियो प्रभु जी आप हमारे, पाप करम के अवगुन सारे ।

4. बाल्मीक तुलसी गात तिहारे, गान अमर जों जग उजियारे ।

स्थायी

0				3				X				2			
ग	प	नि	नि	सां	–	सां	सां	सां	नि	ध	नि	सांनि	धप	म	ग
रा	ऽ	म	सि	या	ऽ	प	ति	प्रा	ऽ	ण	पि	याऽ	ऽऽ	रे	ऽ
ग	म	प	ग	म	रे	सा	–	सां	–	गं	रें	सां	नि	ध	प
क	पि	ब	ज	रं	ऽ	गी	ऽ	दा	ऽ	स	ति	हा	ऽ	रे	ऽ
ग	प	नि	नि	सां	–	सां	सां	सां	नि	ध	नि	सांनि	धप	म	ग
रा	ऽ	म	सि	या	ऽ	प	ति	प्रा	ऽ	ण	पि	याऽ	ऽऽ	रे	ऽ

अंतरा–1

0				3				x				2			
प	–	नि	नि	सां	–	सां	सां	नि	ध	सां	–	सां	रें	सां	–
रा	ऽ	म	न	रो	ऽ	त्त	म	भ	जु	रे	ऽ	म	न	में	ऽ
सां	–	गं	गं	मं	रें	सां	सां	सां	नि	ध	नि	सांनि	धप	मग	मरे
ना	ऽ	म	म	नो	ऽ	ह	र	साँ	ऽ	झ	स	काऽ	ऽऽ	रेऽ	ऽ
ग	प	नि	नि	सां	–	सां	सां	सां	नि	ध	नि	सांनि	धप	म	ग
रा	ऽ	म	सि	या	ऽ	प	ति	प्रा	ऽ	ण	पि	याऽ	ऽऽ	रे	ऽ

८२. राम नाम जाप

राग भूपाली : कहरवा ताल

स्थायी : राम भजन सुन ले, सुंदर ये ।
सुख दुख घड़ी हरि हरि मन भज ले ।।

अंतरा : 1. मन में भरले पूजन करले, अंदर राम का सुमिरन धर ले ।
2. जिसके मुखमें राम बसा है, जीवन मानो वही भला है ।
3. जिसने सुखमें नाम लिया है, दीपक जानो वहीं जला है ।
4. जहरी दुनिया लोग लुटेरे, राम तेरा रखवारा ।

स्थायी

0				3				x				2			
सां	–	ध	प	ग	रे	सा	रे	प	–	ग	रे	ग	प	ध	–
रा	ऽ	म	भ	ज	न	सु	न	ले	ऽ	सुं	ऽ	द	र	ये	ऽ
ग	ग	ग	रे	ग	प	ध	सां	ध	सां	ध	प	ग	रे	सा	–
सु	ख	दु	ख	घ	ड़ी	ह	रि	ह	रि	म	न	भ	ज	ले	ऽ

अन्तरा–1

0				3				x				2			
प	प	ग	–	प	प	सां	ध	सां	–	सां	सां	सां	रे	सां	–
म	न	में	ऽ	भ	र	ले	ऽ	पू	ऽ	ज	न	क	र	ले	ऽ
ध	ऽ	ध	ध	सां	ऽ	रें	रें	सां	रें	गं	रें	सां	ध	प	–
अं	ऽ	द	र	रा	ऽ	म	का	सु	मि	र	न	ध	र	ले	ऽ

८३. जपो राम

स्थायी

कहो राम, जपो राम, भजो राम ।

♫ सारे ग-ग, मग रे-, गरे सा-सा ।

अंतरा-1

राम-नाम है एक सहारा, एक किनारा, एक पियारा ।
राम तिहारा एक उबारा, एक उद्धारा, एक गुजारा ।
बोलो राम, गाओ राम ।।

♫ सा-रे ग-ग ग- प-म गरे-ग-, म-म मम-म-, ध-प मग-म- ।
ध-प मप-प- नि-ध पम-प-, ध-प मग-रे-, प-म गरे-सा- ।
सारे म-, गरे सा-सा ।।

अंतरा-2

राम तुम्हारे सदा पास है, राम आस में साँस-साँस में ।
राम पवित्तर एक नाम है, राम ज्ञान है, राम ध्यान है ।
बोलो राम, गाओ राम ।।

अंतरा-3

राम तुम्हारा एक ही चारा, एक ही यारा, एक ही प्यारा ।
राम तुम्हारा है जग सारा, रटो राम का जय जय कारा ।
बोलो राम, गाओ राम ।।

८४. राम कृष्ण शिव

कहरवा ताल

स्थायी : निश दिन राम कृष्ण शिव गाओ ।
राम कृष्ण शिव राम कृष्ण शिव, राम कृष्ण शिव गाओ ।।

अंतरा : 1. रघुपति राघव राजा राम, जानकी जीवन सीता राम ।
हरे राम हरे राम, हरे कृष्ण हरे राम ।।

2. भजु मन मेरे, राधे श्याम, अह निश गा रे, राधे श्याम ।
राधे श्याम राधे श्याम, हरे कृष्ण हरे राम ।।

3. भोले शंकर हरि घनश्याम, सांब सदाशिव भज सियाराम ।
शिव नाम शिव नाम, हरे कृष्ण हरे राम ।।

स्थायी

0				X				0				X			
सा	ग	म	प	पनि	ध	म	ग	सा	सा	नि़	ध़	सा	–	सा	–
नि	श	दि	न	राऽ	ऽ	म	कृ	ऽ	ष्ण	शि	व	गा	ऽ	ओ	ऽ
–	–	–	–	ग	–	ग	ग	–	ग	ग	ग	म	–	म	ध
ऽ	ऽ	ऽ	ऽ	रा	ऽ	म	कृ	ऽ	ष्ण	शि	व	रा	ऽ	म	कृ
नि	ध	म	म	म	–	ग	ग	सा	सा	नि़	ध़	सा	–	सा	–
ऽ	ष्ण	शि	व	रा	ऽ	म	कृ	ऽ	ष्ण	शि	व	गा	ऽ	ओ	ऽ
सा	ग	म	प	पनि	ध	म	ग	सा	सा	नि़	ध़	सा	–	सा	–
नि	श	दि	न	राऽ	ऽ	म	कृ	ऽ	ष्ण	शि	व	गा	ऽ	ओ	ऽ

अंतरा–1

X				0				X				0			
ग	ग	म	म	नि	ध	नि	नि	सां	–	सां	–	सां	–	–	सां
र	घु	प	ति	रा	ऽ	घ	व	रा	ऽ	जा	ऽ	रा	ऽ	ऽ	म
नि	–	नि	नि	नि	–	नि	ध	ध	नि	सां	नि	ध	–	–	म
जा	ऽ	न	की	जी	ऽ	व	न	सी	ऽ	ऽ	ता	रा	ऽ	ऽ	म
ध	ध	ध	म	प	प	प	ग	सा	ग	म	ध	प	प	म	–
ह	रे	रा	म	ह	रे	रा	म	ह	रे	कृ	ष्ण	ह	रे	रा	म
म	ग	ग	ग	सा	सा	नि़	ध़	सा	–	सा	–	सा	ग	म	प
रा	ऽ	म	कृ	ऽ	ष्ण	शि	व	गा	ऽ	ओ	ऽ	नि	श	दि	न
पनि	ध	म	ग	सा	सा	नि़	ध़	सा	–	सा	–	–	–	–	–
राऽ	ऽ	म	कृ	ऽ	ष्ण	शि	व	गा	ऽ	ओ	ऽ	ऽ	ऽ	ऽ	ऽ

८५. रे हरि! पाहि माम्

कहरवा ताल 8 मात्रा

स्थायी

रे हरि तुम, सबसे करुण जग माँही ।

♫ सा निृधृ निृसा-, रेरेरे गमग रेसा निृ-सा- ।

अंतरा-1

ना कोई अपना, ना ही पराया, सभी जगत पर तेरा साया ।

साधु संतन, अरु दुखी दीनन, तेरे चरणन माँही ।

रे हरि हम, तेरे भगत, पाहि! पाहि! ।।

♫ रे- सारे गगम-, प- म गरे-म-, पम- गमम पप सां-नि॒ध प-ध- ।

सां-नि॒- ध-पप, मम पप ध-पप, ध-प- ममगग रे-सा- ।

सा निृधृ निृसा-, रे-रे गमग, रेसा! निृ-सा-! ।।

अंतरा-2

नारी नर हम बालक बूढ़े, सामने खड़े हाथ को जोड़े ।

आस लगाए, प्यास बुझाने, तेरा दरशन चाही ।

रे हरि अब, कोई हमें डर नाही ।।

अंतरा-3

नैया भव-जल पार करायो, दासन की तू इक छन माँही ।

लीला तेरी, सबसे न्यारी, तूने जग को दिखायी ।

रे हरि हम, तेरी डगर के राही ।।

८६. हरि के बिना

राग दरबारी : तीन ताल / कहरवा ताल

स्थायी : जगत माही, हरि के बिना सुख नाही ।
राम, भगत के, पितु और माई, और न दाता कोई ।।

अंतरा :
1. राम पिता अरु राम ही माता, राम ही है सुखदाई ।
2. राम हमारा एक सहारा, राम! हमें तू त्राहि ।
3. राम नियारा, राम पियारा, राम! हमे पाहि पाही!

स्थायी

	2				0				3				X			
सा	ध़	नि़	सा	रे	रे	मग	म	रेसा	(नि)ध़	नि़	-रे	सा	सा	-	सा	-
ज	ग	त	मा	ही	ह	रिऽ	ऽ	केबि	ना	ऽ	ऽसु	ख	ना	ऽ	ही	ऽ
	-	-	-	-	-	ध़नि़	रे	रे	रे	रे	सा	रे	-	गग	ग	म
	ऽ	ऽ	ऽ	ऽ	ऽ	रा	ऽम	भ	ग	त	के	ऽ	ऽ	पितु	अ	रु
	रे	-	सा	-	-	म	म	म	प	म	-नि	प	ग	म	रे	सा
	मा	ऽ	ई	ऽ	ऽ	औ	र	न	दा	ऽ	ऽता	ऽ	को	ऽ	ई	ज
	ध़	नि़	सा	रे	रे	मग	म	रेसा	(नि)ध़	नि़	-रे	सा	सा	-	सा	-
	ग	त	मा	ही	ह	रिऽ	ऽ	केबि	ना	ऽ	ऽसु	ख	ना	ऽ	ही	ऽ

अंतरा

0				3				X				2			
-	म-	प	प	निध	-	नि	नि	-	सां-	सां	सां	रें	नि	सां	-
ऽ	राऽ	म	पि	ता	ऽ	अ	रु	ऽ	राऽ	म	ही	मा	ऽ	ता	ऽ
-	नि-	नि	नि	सां	नि	-रें	सां	ध	-	-	-	नि	-	प	-
ऽ	राऽ	म	ही	है	ऽ	ऽसु	ख	दा	ऽ	ऽ	ऽ	यी	ऽ	ऽ	ऽ
-	म-	म	म	प	म	-नि	प	ग	म	रे	सा	ध़	नि़	सा	रे
ऽ	राऽ	म	ही	है	ऽ	ऽसु	ख	दा	ऽ	यी	ज	ग	त	मा	ही
रे	मग	म	रेसा	(नि)ध़	नि़	-रे	सा	सा	-	सा	-	-	-	-	-
ह	रिऽ	ऽ	केबि	ना	ऽ	ऽसु	ख	ना	ऽ	ही	ऽ	ऽ	ऽ	ऽ	ऽ

८७. हरि नाम

कहरवा ताल 8 मात्रा

स्थायी

कहो हरि का नाम, जीवन बीते रे ।

♫ गम- पध- प- म-ग, रे-गम प-मग रे- - - ।

अंतरा–1

शस्त्रधारी जब राम हरि हैं, वहाँ दुखों का नाम नहीं है ।

छोड़ हरि पर भार, रक्षक हैं तेरे ।।

♫ सा-रेग-ग गग ध-प मग- म-, सांनि- धप- ध- नि-ध पम- प- ।

ग-म पध- पप म-ग, रे-गम प- मगरे- ।।

अंतरा–2

जिस कण में रोशनी भरी है, उस कण की चेतना हरि हैं ।

जोड़ हरि से प्यार, ईश्वर हैं तेरे ।।

अंतरा–3

भव सागर के बीच खड़ा है, घिर घिर संकट आन पड़ा है ।

सौंप हरि को नाव, केवट हैं तेरे ।।

८८. राम ही श्याम

स्थायी

प्रभु! राम बनो या श्याम बनो, अवतार तुम्हारा प्यारा है ।

संग सिया हो या राधा हो, हरि! काम तुम्हारा न्यारा है ।।

♫ सानि़! सा–रे गम– गरे सा–रे गरे–, गगम–प मग–रेसा सा–रेग रे– ।

म–प मग– रेसा रे– गमगरे सा–, सासा! रे–ग मप–म– गरेसानि़ सा– ।।

अंतरा–1

भव दुस्तर के हर दुष्कर में, प्रभु! तुमरा एक सहारा है ।

जब नांव भँवर में डगमग हो, हरि! तू ही एक किनारा है ।।

♫ पप म–रेरे म– पप नि–धध प–, गम! पपम– ग–रे सारे–ग– म– ।

सासा रे–ग गमग रे– सासारेरे ग–, सारे! ग– म– प–म गरे–सानि़ सा– ।।

अंतरा–2

संग किसी का हो या ना हो, प्रभु! तुमरा प्यार अपारा है ।

जिसके मन में शुभ नाम बसा, हरि! तुमने उसे उबारा है ।।

अंतरा–3

किरपा राघव या कृष्ण करे, प्रभु! भाग्य महान हमारा है ।

मुख राम कहे या श्याम कहे, हरि! हर विध नाम तुम्हारा है ।।

८. रामभक्त हनुमान भक्ति संगीत

८९. लंका दहन

स्थायी : बजायो रे, युद्ध का डंका, जरायो मारुति लंका ।।

अंतरा : 1. रावण को कहे विभिषण भाई, काहे रखी तू दार पराई ।
कपि को सौंप दे सीता, नहीं माना वो अडबंगा ।।

2. असुरन कपि की पूँछ जलाये, दावाग्नि को आप बुलाये ।
जलायो सोने की लंका, राम का दास ये बाँका ।।

3. शिव जी का अवतार सजायो, तांडव थैया नाच रचायो ।
डुबायो आग में लंका, "बचाओ!" एक है हाँका ।।

स्थायी

	0				X				0				X			
ध	नि	रें	सां	–	–	नि	–	सां	ध	–	प	मं	प	–	–	म
ब	जा	यो	रे	ऽ	ऽ	यु	ऽ	द्ध	का	ऽ	डं	ऽ	का	ऽ	ऽ	ज
	गरे	ग	ैसा	–	–	ग	–	म	ध	–	नि	–	सां	–	–	–
	राऽ	ऽ	यो	ऽ	ऽ	मा	ऽ	रु	ति	ऽ	लं	ऽ	का	ऽ	ऽ	ऽ

अंतरा-1

0				X				0				X			
–	प–	सां	सां	सां	–	सां	सां	–	निनि	नि	सां	निध	–	प	–
ऽ	राऽ	व	ण	को	ऽ	क	हे	ऽ	विभि	ष	ण	भाऽ	ऽ	ई	ऽ
–	प–	सां	सां	सां	–	सां	सां	–	नि–	नि	सां	निध	–	प	प
ऽ	काऽ	हे	र	खी	ऽ	तू	ऽ	ऽ	दाऽ	र	प	राऽ	ऽ	ई	क
ध	रें	सां	–	–	नि	–	सां	ध	–	प	मं	प	–	–	म
पि	ऽ	को	ऽ	ऽ	सौं	ऽ	प	दे	ऽ	सी	ऽ	ता	ऽ	ऽ	न
गरे	ग	ैसा	–	–	ग	–	म	ध	ध	नि	–	सां	–	–	ध
हींऽ	ऽ	मा	ऽ	ऽ	ना	ऽ	वो	अ	ड	बं	ऽ	गा	ऽ	ऽ	ब
नि	रें	सां	–	–	नि	–	सां	ध	–	प	मं	प	–	–	म
जा	यो	रे	ऽ	ऽ	यु	ऽ	द्ध	का	ऽ	डं	ऽ	का	ऽ	ऽ	ज

९०. जै हनुमान् सुजान

कहरवा ताल

स्थायी : **जै हनुमान् जै जै जय हनुमान् । जै हनुमान् महान् ।**
जै हनुमान सुजान ।।

अंतरा : 1. सेतु बंधन जै हनुमान्, सागर लाँघन जै हनुमान् ।
जानकी ढूंढन जै हनुमान्, प्रणाम तुमको श्री हनुमान् ।।

2. लंका दहनन जै हनुमान्, लखन संजीवन जै हनुमान् ।
असुर निकंदन जै हनुमान्, प्रणाम तुमको श्री हनुमान् ।।

3. अंजनी नंदन जै हनुमान्, सब दुख भंजन जै हनुमान् ।
हे जग वंदन जै हनुमान्, प्रणाम तुमको श्री हनुमान् ।।

स्थायी

x				0				x				0			
सां	–	सां	रें	सां	सां	नि	ध	सां	नि	रें	सां	सां	–	–	सां
जै	ऽ	ह	नु	मा	न्	जै	जै	ज	य	ह	नु	मा	ऽ	ऽ	न
सां	–	सां	रें	सां	नि	ध	प	धप	म	–	म	–	–	–	–
जै	ऽ	ह	नु	मा	ऽ	न	म	हाऽ	ऽ	ऽ	न	ऽ	ऽ	ऽ	ऽ
प	–	प	ध	म	रे	ग	रे	सा	–	–	सा	–	–	–	–
जै	ऽ	ह	नु	मा	ऽ	न्	सु	जाऽ	ऽ	ऽ	न	ऽ	ऽ	ऽ	ऽ
सां	–	सां	रें	सां	सां	नि	ध	सां	नि	रें	सां	सां	–	–	सां
जै	ऽ	ह	नु	मा	न्	जै	जै	ज	य	ह	नु	मा	ऽ	ऽ	न

अंतरा–1

x				0				x				0			
सां	गं	गं	–	गं	–	गं	गं	रें	सां	रें	गं	गं	–	–	गं
से	ऽ	तु	ऽ	बं	ऽ	ध	न	जै	ऽ	ह	नु	मा	ऽ	ऽ	न्
नि	–	नि	नि	सां	–	सां	रें	मं	गं	रेंगं	रें	सां	–	–	सां
सा	ऽ	ग	र	लाँ	ऽ	घ	न	जै	ऽ	हऽ	नु	मा	ऽ	ऽ	न्
सां	गं	गं	गं	गं	–	गं	गं	रें	सां	रें	गं	गं	–	–	गं
जा	ऽ	न	की	ढूँ	ऽ	ढ	न	जै	ऽ	ह	नु	मा	ऽ	ऽ	न्
नि	नि	–	नि	सां	सां	सां	रें	मं	गं	रेंगं	रें	सां	–	–	सां
प्र	णा	ऽ	म	तु	म	को	ऽ	श्री	ऽ	हऽ	नु	मा	ऽ	ऽ	न्
सां	–	सां	रें	सां	सां	नि	ध	सां	नि	रें	सां	सां	–	–	सां
जै	ऽ	ह	नु	मा	न्	जै	जै	ज	य	ह	नु	मा	ऽ	ऽ	न

९१. ओम् जय बजरंग बली

आरती – कहरवा ताल 8 मात्रा

स्थायी : ॐ जै बजरंग बली । कपि जय बजरंग बली ।
भगतन प्राण पिहारे । आस में द्वार तिहारे ।
सुंदर दर्शन की । ॐ जय बजरंग बली ।।

अंतरा : 1. राम दास तुम पावन । शंकर अवतारी । प्रभु शंकर अवतारी ।
महावीर परमेश्वर । लोक नाथ सत् ईश्वर । विक्रम वज्रांगी ।
जय जय ...

2. तुमने सुग्रीव कपि से । राम को मिलवाया । प्रभु राम को मिलवाया ।
बाली पतन कराके । तुमने मुक्त कराई । दारा सुग्रीव की ।
जय जय ...

3. सिय की खोज लगाके । खबरिया राम को दी । खुश खबरिया राम को दी ।
रावन पतन कराके । तुमने मुक्त कराई । सीता रघुवर की ।
जय जय ...

4. जल पर अश्म तराये । राम नाम लिखके । शुभ राम नाम लिखके ।
सागर सेतु बनाके । सेना पार कराके । लंका तुम जारी ।
जय जय ...

5. वायु गति से उड़ के । परबत ले आये । प्रभु परबत ले आये ।
संजीवन बुटी लाके । तुमने जान बचाई । भ्राता लछिमन की ।
जय जय ...

स्थायी

		x				0				x				0			
म	–	म	–	म	म	म	–	ग	म	प	–	प	ध	नि	सां	सां	सां
ॐ	ऽ	जै	ऽ	ब	ज	रं	ऽ	ग	ब	ली	ऽ	क	पि	ज	य	ब	ज
		रें	सां	नि	ध	निध	प	–	–	–	–	–	–	प	ध	प	ध
		रं	ऽ	ग	ब	लीऽ	ऽ	ऽ	ऽ	ऽ	ऽ	ऽ	ऽ	भ	ग	त	न
		नि	–	नि	ध	प	ध	म	–	प	ध	प	ध	नि	–	नि	ध
		प्रा	ऽ	ण	पि	हा	ऽ	रे	ऽ	आ	ऽ	स	में	द्वा	ऽ	र	ति
		प	ध	म	–	म	प	प	प	ध	प	म	ग	रे	–	प	–
		हा	ऽ	रे	ऽ	सुं	ऽ	द	र	द	र्	श	न	की	ऽ	ॐ	ऽ
		प	प	प	प	ध	प	म	ग	म	–	–	–	–	–	–	–
		ज	य	ब	ज	रं	ऽ	ग	ब	ली	ऽ	ऽ	ऽ	ऽ	ऽ	ऽ	ऽ

अंतरा

x				0				x				0			
प	**म**	**म**	**ग**	**प**	**म**	**म**	**ग**	**प**	**म**	**म**	**म**	**सां**	**रें**	**सां**	**नि**
रा	ऽ	म	दा	ऽ	स	तु	म	पा	ऽ	व	न	शं	ऽ	क	र
ध	**ध**	**प**	**म**	**प**	**–**	**सां**	**सां**	**सां**	**रें**	**सां**	**नि**	**ध**	**ध**	**प**	**म**
अ	व	ता	ऽ	री	ऽ	प्र	भु	शं	ऽ	क	र	अ	व	ता	ऽ
प	**–**	**–**	**–**	**–**	**–**	**–**	**–**	**प**	**ध**	**प**	**ध**	**नि**	**नि**	**नि**	**ध**
री	ऽ	ऽ	ऽ	ऽ	ऽ	ऽ	ऽ	म	हा	ऽ	वी	ऽ	र	प	र
प	**ध**	**म**	**म**	**प**	**ध**	**प**	**ध**	**नि**	**नि**	**नि**	**ध**	**प**	**ध**	**म**	**म**
मे	ऽ	श्व	र	लो	ऽ	क	ना	ऽ	थ	स	त्	ई	ऽ	श्व	र
प	**–**	**प**	**प**	**ध**	**प**	**म**	**ग**	**म**	**रे**	**–**	**–**	**–**	**–**	**प**	**–**
वि	ऽ	क्र	म	व	ज्	रां	ऽ	गी	ऽ	ऽ	ऽ	ऽ	ऽ	ॐ	ऽ
प	**प**	**प**	**प**	**ध**	**प**	**म**	**ग**	**म**	**–**	**–**	**–**	**–**	**–**	**–**	**–**
ज	य	ब	ज	रं	ऽ	ग	ब	ली	ऽ	ऽ	ऽ	ऽ	ऽ	ऽ	ऽ

९२. अमर हनुमान

स्थायी

♫ अमर तेरा हनुमान, रे रामा! परम तेरा हनुमान ।

ममम मप- मगरे-, सा रेगम-! पपप मग- रेगसा-सा ।।

अंतरा-1

जा कर लंका, सिया खोज के, लाया शुभ पैगाम ।

हो रामा! शिष्य तेरा है महान ।।

♫ सा- सासा रे-ग-, पम- ग-रे ग-, म-म- पम गरेसा- ।

सा रेगम-! प-म गरे- ग रेसा-सा ।।

अंतरा-2

ढूँढन सीता, सेतु बाँधा, मारी एक उड़ान ।

हो रामा! सेवक तेरा सुजान ।।

अंतरा-3

लखन जियायै, उड़ा हवा में, ले आया चट्टान ।

हो रामा! दास तेरा बलवान ।।

अंतरा-4

दसमुख सेना काट-छाँट के, जीत लिया संग्राम ।

हो रामा! जय जय जय हनुमान ।।

९३. पवन तनय हनुमान

राग खमाज, दादरा ताल

स्थायी

राम भगत पवन पुरुष, नीति निपुण परम वीर ।
कर्म कुशल कीश वदन, स्वार्थ त्यागी चरम धीर ।।

♫ सा–सा गगम पधग मपध, सां–सां निधम पधम ग–ग ।
नि–नि निनिनि सां–सां सांपध, सां–नि ध–म पधम ग–ग ।।

अंतरा–1

पवन तनय आंजनेय, बुद्धिशाली शक्तिमान ।
राम–लखन साथ तेरे, तुम अनुपम भक्तिमान ।।

♫ गमग मनिध सां–निसां–सां, पनिनिसां–सां निसांनिध–ध ।
सा–सा गगग म–म पधध, सांसां सांनिधम पधमग–ग ।।

अंतरा–2

गणपति सम ज्ञानवान, रवि समान कांतिमान ।
राम प्रभु हैं नाथ तेरे, तुम अतुलित बुद्धिमान ।।

अंतरा–3

कपिवर तुम रामदास, किर्तिमान पुण्यवान ।
राम रतन हाथ तेरे, गुण अगणित मूल्यावान ।।

९४. सीता-हनुमान संवाद

स्थायी

पवन वेग से, सुवन मेघ से, जाओ झट हनुमान ।
लाँघे सागर, सेना लेकर, ले आओ तुम श्री रा ऽ ऽ ऽ म ।
लाओ तुम श्री रा ऽ ऽ म ।।

♫ रेरेरे ग–ग ग–, पपप म–ग रे–, प–म– गग रेरेग–ग ।
म–म– प–पप, प–प– ध–पम, ध– प–म– गग रे– ग– – –ग ।।
मम मम गगरेग सा– – – सा ।।

अंतरा–1

रावन कहता कडवी बतियाँ, असुरी सतावे मोहे दिन रतिया ।
काँपत जियरा, धड़कत छतिया, धक धक सुबहो शाम ।
धक धक सुबहो शा ऽ ऽ म ।।

♫ सा–सासा रेरेरे– गगग– ममम–, पपध पम–प– पम गरे गगम– ।

प–पप धधप–, निनिधध पपध–, मम मम गगरे– ग–ग ।
मम मम गगरेग सा– – – सा ।।

अंतरा–2

कहता, पति तव वल्कल–धारी, राघव जोगी विपिन विहारी ।
कटुतर रसना, लाज बिसारी, करत मेरा अपमान ।
करत मेरा अपमा ऽ ऽ न ।।

अंतरा–3

इस पिंजर से मुझे छुड़ाओ, इँस संकट से मुझे बचाओ ।
रघुवर आओ, न देर लगाओ, तुमको मेरी आन ।
तुमको मेरी आ ऽ ऽ न ।।

९५. सेतु बंधन

तीव्र ताल

स्थायी : **श्री राम का शुभ नाम लिख कर, सलिल पर शिला तरै ।**
जल सेतु बंधन, सिंधु तारण, कपीश दल सेवा करै ।।

अंतरा : 1. **जांबुवंत सुग्रीव हनुमत, राम काज करन खटै ।**
नल नील अंगद ऋष मरुत कपि, राम का शुभ नाम रटै ।।

2. **भानु आतप तनु तपा कर, स्वेद बिंदु जल में गिरै ।**
उस पूज्य पावन नीर में, शिला–सेतु तारन काज करै ।।

3. **लंका दहन, रावण हनन, सिंधु योजन दूर उड़ै ।**
कपि वायुपुत्र वानर दल, सब राम जाप का मोद लुटै ।।

<u>स्थायी</u>

		X			2		3		X			2		3	
सा	रे	नि़	–	सा	ग	–	म	ग	प	–	ध	प	प	प	प
श्री	ऽ	रा	ऽ	म	का	ऽ	शु	भ	ना	ऽ	म	लि	ख	क	र
		प	प	प	ध	म	प	नि	ध	प	म	रे	–	सा	रे
		स	लि	ल	प	र	शि	ऽ	ला	ऽ	त	रै	ऽ	ज	ल
		नि़	–	सा	ग	–	म	ग	प	–	ध	प	–	प	प
		से	ऽ	तु	बं	ऽ	ध	न	सिं	ऽ	धु	ता	ऽ	र	ण
		प	प	प	ध	म	प	नि	ध	प	म	रे	–	सा	रे
		क	पी	श	द	ल	से	ऽ	वा	ऽ	क	रै	ऽ	श्री	ऽ

अंतरा–1

X			2		3		X			2		3	
ग	–	**म**	**ध**	–	**नि**	**नि**	**सां**	–	**सां**	**नि**	**रें**	**सां**	**सां**
जां	ऽ	बु	वं	ऽ	त	सु	ग्री	ऽ	व	ह	नु	म	त
नि	–	**नि**	**सां**	–	**सां**	**सां**	**नि**	**रें**	**सां**	**ध**	**प**	**ग**	**ग**
रा	ऽ	म	का	ऽ	ज	क	र	न	ख	टै	ऽ	न	ल
प	–	**प**	**प**	**ध**	**नि**	**सां**	**प**	**नि**	**ध**	**प**	**म**	**ग**	**ग**
नी	ऽ	ल	अं	ऽ	ग	द	ऋ	ष	म	रु	त	क	पि
प	–	**प**	**ध**	**म**	**प**	**नि**	**ध**	**प**	**म**	**रे**	–	**सा**	**रे**
रा	ऽ	म	का	ऽ	शु	भ	ना	म	र	टै	ऽ	श्री	ऽ

९. रामायण कथा संगीत

९६. रामायण की परम कहानी

राग खमाज : कहरवा ताल

स्थायी : रामायण की परम कहानी, मुनिवर कह गये ध्यानी रे ।
राम कथा की अमृत वाणी, सुन सुन जन भये ज्ञानी रे ।।

अंतरा : 1. राम नाम का चल कर जादू, पाप ताप सब भागे रे ।
पापी लुटेरा रत्नाकर भी, बन गयो बाल्मीकि आगे रे ।।

2. वचन पिता का सिर पर धर के, त्यागा राज को हासी रे ।
सौकन माँ की तृप्ति करने, बना राम वनवासी रे ।।

3. सुख दुख दोनों समान कर के, जस कहती है गीता रे ।
साथ पति के बन को निकली, धर्मचारिणी सीता रे ।।

<u>स्थायी</u>

X				0				X				0			
प	**ध**	**म**	**–**	**ग**	**ग**	**रे**	**सा**	**सा**	**सा**	**ग**	**ग**	**म**	**–**	**म**	**–**
रा	ऽ	मा	ऽ	य	ण	की	ऽ	प	र	म	क	हा	ऽ	नी	ऽ
ग	**म**	**प**	**प**	**प**	**प**	**ध**	**सां**	**<u>नि</u>**	**ध**	**प**	**म**	**मध**	**पध**	**म**	**ग**
मु	नि	व	र	क	ह	ग	ये	ध्या	ऽ	नी	ऽ	रेऽ	ऽऽ	ऽ	ऽ
ग	**म**	**ध**	**ध**	**ध**	**–**	**ध**	**–**	**ध**	**<u>नि</u>**	**ध**	**<u>नि</u>**	**प**	**ध**	**प**	**–**
रा	ऽ	म	क	था	ऽ	की	ऽ	अ	म	रि	त	वा	ऽ	णी	ऽ
ग	**म**	**प**	**प**	**प**	**प**	**ध**	**सां**	**<u>नि</u>**	**ध**	**प**	**म**	**मध**	**पध**	**म**	**ग**
सु	न	सु	न	ज	न	भ	ये	ज्ञा	ऽ	नी	ऽ	रेऽ	ऽऽ	ऽ	ऽ
प	**ध**	**म**	**–**	**ग**	**ग**	**रे**	**सा**	**सा**	**सा**	**ग**	**ग**	**म**	**–**	**म**	**–**
रा	ऽ	मा	ऽ	य	ण	की	ऽ	प	र	म	क	हा	ऽ	नी	ऽ

अंतरा-1

X				0				X				0			
ग	म	ध	नि	सां	सां	सां	–	नि	नि	सां	सां	नि	सां	नि॒	ध
रा	ऽ	म	ना	ऽ	म	का	ऽ	च	ल	क	र	जा	ऽ	दू	ऽ
नि	–	नि	नि	सां	सां	सां	सां	प	नि	सां	रें	नि॒	–	ध	प
पा	ऽ	प	ता	ऽ	प	स	ब	भा	ऽ	गे	ऽ	रे	ऽ	ऽ	ऽ
म	ग	ग	म	ध	–	ध	–	ध	नि॒	ध	नि॒	प	ध	प	–
पा	ऽ	पी	लु	टे	ऽ	रा	ऽ	र	त्	ना	ऽ	क	र	भी	ऽ
ग	म	प	प	प	प	ध	सां	नि॒	ध	प	म	मध	पध	म	ग
ब	न	ग	यो	बा	ल्	मी	कि	आ	ऽ	गे	ऽ	रेऽ	ऽऽ	ऽ	ऽ
प	ध	म	–	ग	ग	रे	सा	सा	सा	ग	ग	म	–	म	–
रा	ऽ	मा	ऽ	य	ण	की	ऽ	प	र	म	क	हा	ऽ	नी	ऽ

९७. लव कुश कथा समुंदर

कहरवा ताल

स्थायी : सुना रहे हैं लव कुश सुंदर । रामायण का कथा समुंदर ।

अंतरा : 1. ब्रह्मा बोले, नारद धाये । बाल्मीक लेखा, शारद गाये ।
मंगल पावन ये श्लोक सागर । आनंदित हैं भवानी शंकर ।।

2. अवध पुरी में रघुकुल राजा । दो वर दीना दशरथ राजा ।
कैकयी कुब्जा रचा कुचक्कर । भेजा वन में राम सुमंगल ।।

3. हरिण सुनहरा, हरण सिया का । जटायु शबरी, वध बाली का ।
लंका दाहन, सेतु बंधन । लखन संजीवन, रावण भंजन ।।

4. लव कुश बालक अश्व जीत कर । हारे हनुमत भरत लखन दल ।
भूप अवध का बना है राघव । हर्ष भरे हैं धरती अंबर ।।

स्थायी

X				0				X				0			
प	धनि	सां	नि	प	म॑	म॑	–	–	म॑ध	नि	ध	(प)म	–	ग	ग
सु	नाऽ	ऽ	र	हे	ऽ	हैं	ऽ	ऽ	लव	कु	श	सुं	ऽ	द	र
–	गम	ध	प	रे	रे	सा	–	सा	ध	–	ध	नि	ध	प	प
ऽ	राऽ	मा	ऽ	य	ण	का	ऽ	क	था	ऽ	स	मुं	ऽ	द	र
प	धनि	सां	नि	प	म॑	म॑	–	–	म॑ध	नि	ध	(प)म	–	ग	ग
सु	नाऽ	ऽ	र	हे	ऽ	हैं	ऽ	ऽ	लव	कु	श	सुं	ऽ	द	र

अंतरा

३				0				३				0			
–	पप	सां	–	सां	–	सां	–	–	गरें	सां	नि	नि	–	नि	–
ऽ	ब्रऽ	ह्मा	ऽ	बो	ऽ	ले	ऽ	ऽ	नाऽ	र	द	धा	ऽ	ये	ऽ
–	निसां	नि	ध	नि	रें	रें	–	–	निरें	गं	रें	नि	रें	सां	–
ऽ	बाल्	मी	क	ले	ऽ	खा	ऽ	ऽ	शाऽ	र	द	गा	ऽ	ये	ऽ
–	प	-सां	नि	प	म॑	म॑	म॑	–	म॑म॑	ध	निध	पम	–	ग	ग
ऽ	मं	ऽग	ल	पा	ऽ	व	न	ऽ	येश्लो	ऽ	कऽ	सा	ऽ	ग	र
–	गम	ध	प	रे	रे	सा	–	सा	ध	–	ध	नि	ध	प	प
ऽ	आऽ	नं	ऽ	दि	त	हैं	ऽ	भ	वा	ऽ	नी	शं	ऽ	क	र
प	धनि	सां	नि	प	म॑	म॑	–	–	म॑ध	नि	ध	(प)म	–	ग	ग
सु	नाऽ	ऽ	र	हे	ऽ	हैं	ऽ	ऽ	लव	कु	श	सुं	ऽ	द	र

१८. सीता स्वयंवर

स्थायी

आज मौसम बड़ा है सुहाना,
प्यार के रंग में दिल दीवाना ।

♫ सा–रे ग–ग– पम– ग– रेग–म–,
प–म प– ध–प म– प– मगरेसा– ।

अंरतरा–1

आज दो दिल अमन में मिले हैं, आज दो गुल चमन में खिले हैं ।
माता रानी की उन पर दुआ है, राधे रानी की उन पर कृपा है ।
सोऽनेऽ मेंऽ सुहागा मिलाया,
सोने मेंऽ हैऽ सुहागा मिलाया ।।

♫ म–प ध– ध– निधध प– मप– ध–, प–ध नि– नि– सांनिनि ध– पधप म– ।
रेग म–म– म प– म– रेग– म–, सारे ग–ग– ग प– म– रेग– म– ।
सा–सा– सा– रेग–म– गरे–सा–, सारे ग– ग– मप–म– गरे–सा– ।।

अंतरा–2

आज शंकर ने डमरु बजाया, परियों ने है मंडप सजाया ।
हे प्रभो! लाख तेरा शुकर है, ऐ शिवा! लाख तेरा शुकर है,

तूने सूरज से चंदा मिलाया ।
तूने चंदा से सूरज मिलाया ।।

अंतरा–3

आज बंधु सखा सब हैं आए, ढेर आशीष उपहार लाए ।
गीत मंगल सुमंगल हैं गाए, आज धरती पे आनंद बिछा है ।
प्रीऽतिऽ में सुधा रस मिलाया,
प्रीति में है सुधा रस मिलाया ।।

अंतरा–4

राम राजा और सीता है रानी, इनकी मंगल है प्रैम कहानी ।
प्यार की ये अमर है कहानी । जीये जुग–जुग ये हंसों का जोड़ा,
सबसे प्रीति और नेहा लगाया ।
सबसे नेहा और प्रीति लगाया ।।

९९. चले लंका अवध बिहारी

दीपचंदी ताल

स्थायी : चले लंका अवध बिहारी, हो रामा, धनुस जटा धारी ।

अंतरा : 1. नीर नयनन सकल नर नारी, आरती करत मनहारी ।

2. सीता चली संग रघुवर प्यारी, अंग पे पीत वसन डारी ।

3. पीछे लखन परम सुविचारी, राघव सिया का हितकारी ।

स्थायी

X			2				0			3			
सा	रे	–	म	–	म	–	म	प	–	ध	सां	सां	–
च	ले	ऽ	लं	ऽ	का	ऽ	अ	व	ऽ	ध	ऽ	बि	ऽ
सां	–	–	नि	ध	म	ग	ग	म	ग	म	ध	प	प
हा	ऽ	ऽ	री	ऽ	हो	ऽ	रा	ऽ	ऽ	मा	ऽ	ऽ	ध
ध	प	–	म	–	म	ग	रे	ग	–	(रे)सा	–	–	–
नु	स	ऽ	ज	ऽ	टा	ऽ	धा	ऽ	ऽ	री	ऽ	ऽ	ऽ
सा	रे	–	म	–	म	–	प	ध	प	म	–	रे	–
च	ले	ऽ	लं	ऽ	का	ऽ	अ	व	ऽ	ध	ऽ	बि	ऽ
म	–	–	म	–	–	सां	सां	नि	–	ध	–	म	ग
हा	ऽ	ऽ	री	ऽ	ऽ	बि	हा	ऽ	ऽ	री	ऽ	ऽ	ऽ

अंतरा–1

X			2				0			3			
सां	**नि**	–	**ध**	–	**नि**	–	**सां**	**रें**	–	**सां**	–	**सां**	–
नी	ऽ	ऽ	र	ऽ	न	ऽ	य	न	ऽ	न	ऽ	स	ऽ
नि	**नि**	–	**ध**	**प**	**प**	**म**	**म**	**प**	–	**ध**	–	**रें**	**सां**
क	ल	ऽ	न	ऽ	र	ऽ	ना	ऽ	ऽ	री	ऽ	ऽ	स
सां	**ध**	–	**प**	–	**प**	–	**ध**	**प**	–	**म**	–	**रे**	**सा**
क	ल	ऽ	न	ऽ	र	ऽ	ना	ऽ	ऽ	री	ऽ	ऽ	ऽ
सा	**रे**	–	**म**	–	**म**	–	**म**	**प**	–	**ध**	–	**सां**	**सां**
आ	ऽ	ऽ	र	ऽ	ती	ऽ	क	र	ऽ	त	ऽ	म	न
सां	–	–	**नि**	**ध**	**म**	**ग**	**ग**	**म**	**ग**	**म**	**ध**	**प**	**प**
हा	ऽ	ऽ	री	ऽ	हो	ऽ	रा	ऽ	ऽऽ	मा	ऽ	ऽ	ध
ध	**प**	–	**म**	–	**म**	**ग**	**रे**	**ग**	–	**(रे)सा**	–	–	–
नु	स	ऽ	ज	ऽ	टा	ऽ	धा	ऽ	ऽ	री	ऽ	ऽ	ऽ
सा	**रे**	–	**म**	–	**म**	–	**प**	**ध**	**प**	**म**	–	**रे**	–
च	ले	ऽ	लं	ऽ	का	ऽ	अ	व	ऽ	ध	ऽ	बि	ऽ
म	–	–	**म**	–	–	–	–	–	–	–	–	**रे**	**सा**
हा	ऽ	ऽ	री	ऽ	ऽ	ऽ	ऽ	ऽ	ऽ	ऽ	ऽ	ऽ	ऽ

१००. साथ ले चलो मोहे

राग केदार, कहरवा ताल

स्थायी : साथ ले चलो कानन मोहे, मन में उदासी रे ।
नाथ! चलूँगी वन दंडक में, बन कर दासी रे ।।

अंतरा : 1. जंगल मंगल स्थान करेंगे, निर्जन भूमि स्वर्ग कहेंगे ।
प्रभु! मैं तुमरी जनम जनम की, हूँ सहवासी रे ।।

2. जहाँ पति है वहाँ सती हो, जहाँ राम है वहाँ सिया हो ।
तुम दीपक छाया मैं तुमरी, जुग चौरासी रे ।।

स्थायी

X				0				X				0			
–	सारे	सा	म	म	–	म	ग	प	प	प	सांध	सांध	ध	म॑	प
ऽ	साऽ	ऽ	थ	ले	ऽ	च	लो	का	ऽ	न	नऽ	मोऽ	ऽ	हे	ऽ
–	सांसां	ध	प	प	–	म॑प	धप	म	–	–	–	रे	म	रे	सा
ऽ	मन	में	उ	दा	ऽ	सीऽ	ऽऽ	रे	ऽ	ऽ	ऽ	ऽ	ऽ	ऽ	ऽ
–	सारे	सा	म	म	–	म	ग	प	प	–	प	प	ध	म॑	प
ऽ	नाऽ	थ	च	लूँ	ऽ	गी	ऽ	व	न	ऽ	दं	ड	क	में	ऽ
–	सांसां	ध	प	प	–	म॑प	धप	म	–	–	–	रे	म	रे	सा
ऽ	बन	क	र	दा	ऽ	सीऽ	ऽऽ	रे	ऽ	ऽ	ऽ	ऽ	ऽ	ऽ	ऽ
–	सारे	सा	म	म	–	म	ग	प	प	प	सांध	सांध	ध	म॑	प
ऽ	साऽ	ऽ	थ	ले	ऽ	च	लो	का	ऽ	न	नऽ	मोऽ	ऽ	हे	ऽ

अंतरा-1

X				0				X				0			
–	प	–प	प	सां	–	सां	सां	ध	–	सां	रें	सां	नि	ध	प
ऽ	जं	ऽग	ल	मं	ऽ	ग	ल	स्था	ऽ	न	क	रें	ऽ	गे	ऽ
–	प–	प	प	सां	–	सां	–	ध	ध	सां	रें	सां	नि	ध	प
ऽ	निर्	ज	न	भू	ऽ	मि	ऽ	स्व	र्	ग	क	हें	ऽ	गे	ऽ
–	गंगं	गं	मं	रें	रें	सां	–	–	निनि	नि	सां	ध	ध	प	–
ऽ	प्रभु!	मैं	ऽ	तु	म	री	ऽ	ऽ	जन	म	ज	न	म	की	ऽ
–	धसां	ध	प	प	–	म॑प	धप	म	–	–	–	रे	म	रे	सा
ऽ	हूँ	स	ह	वा	ऽ	सीऽ	ऽऽ	रे	ऽ	ऽ	ऽ	ऽ	ऽ	ऽ	ऽ
–	सारे	सा	म	म	–	म	ग	प	प	प	सांध	सांध	ध	म॑	प
ऽ	साऽ	ऽ	थ	ले	ऽ	च	लो	का	ऽ	न	नऽ	मोऽ	ऽ	हे	ऽ

१०१. दंडक वन में

राग बागेश्री : कहरवा ताल

स्थायी : **तुम चलो सामने, राम पिया! रे, पीछे हम हैं संग तिहारे ।**
पग पग चलूँ मैं, पंथ निहारे ।।

अंतरा : 1. **राहों में काँटे हैं बिखरे, पशु बेशुमार डोरे डारे ।**
धोखा पल छिन असुर जनन से, डगमग हैं अब भाग हमारे ।।

2. **चल कर जोजन साँझ सकारे, अवध नगर को पीछे छोरे ।**
आये पंचवटी के द्वारे, मनहर स्थान जो भान को हारे ।।

3. **इस थल को आवास बनाएँ, वन तापोभूमि जाना जाए ।**
रामायण की नींव सजाएँ, जन हित का इतिहास रचाएँ ।।

स्थायी

X				0				X				0			
सा	ग	म	ध	पध	सांनि	ध	म	–	ग	–रे	रे	सा	–	सा	–
तु	म	च	लो	साऽ	ऽऽ	म	ने	ऽ	रा	ऽम	पि	या	ऽ	रे	ऽ
–	मग	रे	सा	रे	रे	रे	–	–	रेग	म	ध	प	–	म	–
ऽ	पीऽ	छे	ऽ	ह	म	हैं	ऽ	ऽ	साऽ	थ	ति	हा	ऽ	रे	ऽ
–	मम	ध	ध	ध	ध	नि	ध	सां	–	नि	ध	म	ग	रे	सा
ऽ	पग	प	ग	च	लूँ	मैं	ऽ	पं	ऽ	थ	नि	हा	ऽ	रे	ऽ
सा	ग	म	ध	पध	सांनि	ध	म	–	ग	–रे	रे	सा	–	सा	–
तु	म	च	लो	साऽ	ऽऽ	म	ने	ऽ	रा	ऽम	पि	या	ऽ	रे	ऽ

अंतरा–1

X				0				X				0			
–	म	ग	म	ध	–	नि	ध	सां	–	सां	–	रें	नि	सां	–
ऽ	रा	ऽ	हों	में	ऽ	काँ	ऽ	टे	ऽ	हैं	ऽ	बि	ख	रे	ऽ
–	निनि	सां	गं	रें	सां	सां	–	नि	–	सां	–	नि	–	ध	–
ऽ	पशु	बे	शु	मा	ऽ	र	ऽ	डो	ऽ	रे	ऽ	डा	ऽ	रे	ऽ
–	ध	–	ध	पध	नि	ध	ध	म	ग	म	ग	रे	रे	सा	–
ऽ	धो	ऽ	खा	पऽ	ल	छि	न	अ	सु	र	ज	न	न	से	ऽ
–	ऩिसा	म	म	ध	–	नि	ध	सां	–	नि	ध	म	ग	रे	सा
ऽ	डग	म	ग	हैं	ऽ	अ	ब	भा	ऽ	ग	ह	मा	ऽ	रे	ऽ
सा	ग	म	ध	पध	सांनि	ध	म	–	ग	–रे	रे	सा	–	सा	–
तु	म	च	लो	साऽ	ऽऽ	म	ने	ऽ	रा	ऽम	पि	या	ऽ	रे	ऽ

१०२. वन चली सीता

राग केदार

स्थायी : दुल्हनिया वन चली, राम की सीता। राज कुमारी, कोमल कलिका।
रानी अवध की जानकी माता।।

अंतरा : 1. मधुर मिलन में, देगयी असुवन। रैन सुहाग की, होगयी बैरन।
जीयो जुग जुग, जानकी माता।।

2. जल अखियन भर, रोवत लछिमन, हाथ जोर सिय, मात को वंदन
जै जय तुमरी जानकी माता

3. रघुपति दशरथ, जल कर तन मन, कोसत कैकई, रोकत क्रंदन
धन्य है तुमरी रामकी जाया

4. अवध पुरी के, बेबस दुखी जन, गात हैं ब्रह्मा, विष्णुजी शंकर
जीती रहो तुम रामकी जाया

<u>अंतरा–1</u>

स्थायी

सा रे सा प	**प प मं प**	**ध – प प**	**मं प म म**
दु ल्ह नि या	व न च ली	रा ऽ म की	सी – ता –
म – प प	**सां रें सा –**	**म – ध प**	**म म रे सा**
रा ऽ ज कु	मा – री –	को – म ल	क लि का –
सां – सां सां	**नि ध सां रें**	**सां – ध प**	**मं प म –**
रा ऽ नी अ	व ध की –	जा ऽ न की	मा – ता –

<u>अंतरा–1</u>

अंतरा

प प सां सां	**सां सां रें सां**	**नि ध सां रें**	**सां नि ध प**
म धु र मि	ल न में –	दे – ग यी	अ सु व न
गं – मं रें	**सां रें सां सां**	**सां नि ध प**	**ध म प प**
रै ऽ न सु	हा ऽ ग की	हो ऽ ग यी	बै ऽ र न
सां – सां –	**नि ध सां रे**	**सां – ध प**	**मं प म –**
जी ऽ यो –	जु ग जु ग	जा ऽ न की	मा – ता ऽ

१०३. रामायण चौपाई

दोहा

राम–सिया वन को चले, लखन लला है साथ ।
मातु–पिता गृह को तजे, धन्य–धन्य रघुनाथ ।।

♫ नि–नि निनि– निनि सां – – निसां– – –, निनिनि निनि– रेंसां सां– – सां ।
नि–नि निनिप पप पग– परे– – –, ग–ग परेरेरे रेसा– –सा ।।

स्थायी

चंदन तिलक सुमंगल माथे, चंदन तिलक सुमंगल माथे ।
दशरथ नंदन राम सुहाते ।
श्री राम जय राम–, जय जय रामा, जय राम–सिया राम–, जय जय रामा ।।
जय राम–सिया राम, जय राम सियाराम–, जय जय रामा ।।

♫ –ग–गप रेरेसा सानि़प़रेरे गरेसारे, –ग–गप रेरेसा सा–नि़प़रेरे गरे –सा– ।
–पगपप निसांरेंसांनिप पगग परे–सा– ।
–गग गप रेरे सासा–, नि़प़ रेरे गरे–सा–ग, गग गप रेरेसासा–, नि़प़ रेरे गरे–सा– ।।

अंतरा–1

शीश जटा कटि वल्कल धारे, कानन कुंडल नयन लुभाते ।
जय राम–सिया राम, सियाराम जय जय रामा ।।

♫ –पगप पसां– सांसां– निनिनिरें ध–प–, –गगगप रे–सासा –नि़प़रे रेगरे–सा– ।
–गग गप रेरे सासा– नि़प़ रेरे गरे–सा–, गग गप रेरे सासा– नि़प़ रेरे गरे–सा– ।।

अंतरा–2

मुख मंडल पर हास्य बिराजे, विघ्न कष्ट कछु नाहि दुखाते ।

अंतरा–3

वीर धनुर्धर धीरज धारी, संकट मोचन राम कहाते ।

अंतरा–4

राम रमैया भव की नैया, राम–नाम नर को हरसाते ।

अंतरा–5

राम सहारे, राम किनारे, राम–नाम सब दुख बिसराते ।

अंतरा–6

भीषण पाप मनुष के जेते, राम–नाम से सब छुट जाते ।

अंतरा–7

राम–सिया संग लछमन सोहे, लखन लला सब जन को भाते ।

अंतरा–8

राज काज सुख तज कर सारे, मातु–तात के बचन निभाते ।

अंतरा-9

सिया संग प्रभु वन में बिराजे, भगतन राम चरित शुभ गाते ।

अंतरा-10

वाह वाह रे दशरथ राजा! धन्य-धन्य कौशल्या माते! ।

दोहा

दीन-दयाला आप हैं, करुण कृपालु राम! ।

कौशल्या सुत, हे सखे! पाहि पाहि रे माम् ।।

♫ नि-नि निनि-नि- सां- -नि सां- - -, निनिनि निनि-रेंसां सां- -सां ।

नि-नि-निप पप-, ग- परे- - -! ग-ग परेरे रेसा सा- -सा ।।

१०४. हे केवट निषाद!

स्थायी

नैया ठीक चलाना भैया, नाव में तेरी, राम रमैया ।

♫ म-म- ध-प मग-रेसा रेगम-, ग-ग ग म-म-, धपम गरे-ग- ।

अंतरा-1

प्रभु निकले हैं पुण्य करम को, पूरण करने क्षात्र धरम को ।

छूते हरि के चरणन जल को, शाँत हो गई गंगा मैया ।।

♫ सासा रेरेग- रे- प-म गरेरे ग-, रेगग मगगरे- प-म गरेरे सा- ।

नि-ध पम- प- ममगग मम प-, सा-रे सा- रेग- प-मग रे-ग- ।।

अंतरा-2

आज सरित् के भाग्य हैं जागे, चरण प्रभु के जल को लागे ।

स्वागत करने खड़े हैं आगे, नारद शंकर कृष्ण कन्हैया ।।

अंतरा-3

सुविमल नीला गंगा जल है, विशाल शुचि शीतल निर्मल है ।

बीच धार में चली है नैया, देख के मनवा नाचे थैया ।।

अंतरा-4

जल पर फूल हैं लाल कमल के, रवि चमकाए रंग सलिल के ।

जल में मछली नक्र कछुए, बहुत बड़े हैं, दैया! दैया! ।।

१०५. सुवर्ण मृग की कथा

राग जौनपुरी – तीन ताल

स्थायी : मन मोहक सुनहरा हिरन रंग । प्रांगन में मोरे क्रीडत कूदत ।
मृग लसित, करत मोरा मनवा दंग ।।

अंतरा : 1. ठुमकत फुदकत नाच नचावे, मृदु छाला मोरा चित्त लुभावे ।
चंचल नैनन मन भरमाये, ताहि चाह करत मोहे तंग ।।

2. मृग की माया सिय नहीं जानी, मारिची को वो मृग मानी ।
दृष्टि सिय की भयी दीवानी, तिन ललचावत कंज अंग ।।

स्थायी

		0				3				X				2			
प	म	प	सां	ध	प	ग	रे	सा	रे	रे	म	म	प	–	प	प	म
म	न	मो	ऽ	क	क	सु	न	ह	रा	हि	र	न	रं	ऽ	ग	म	न
		प	सां	ध	प	ग	रे	सा	रे	रे	म	म	प	–	प	प	ध
		मो	ऽ	ह	क	सु	न	ह	रा	हि	र	न	रं	ऽ	ग	प्रां	ऽ
		सां	सां	सां	निसां	रें	सां	ध	प	ग	ग	रे	म	ग	रे	सा	सा
		ग	न	में	मोऽ	ऽ	रे	क्री	ऽ	ड	त	कू	ऽ	द	त	मृ	ग
		सा	रे	म	म	प	प	प	ध	नि	सां	रें	गं	सां	ध	प	म
		ल	सि	त	क	र	त	मो	रा	म	न	वा	दं	ऽ	ग	म	न

अंतरा–1

0				3				X				2			
म	म	प	प	ध	ध	नि	नि	सां	–	सां	सां	रें	नि	सां	–
ठु	म	क	त	फु	द	क	त	ना	ऽ	च	न	चा	ऽ	वे	ऽ
प	प	प	ध	सां	–	सां	रें	सांरें	गं	रें	सां	नि	सां	ध	प
मृ	दु	छा	ऽ	ला	ऽ	मो	रा	चिऽ	ऽ	त्त	लु	भा	ऽ	वे	ऽ
सां	–	सां	सां	ध	–	म	प	ग	ग	रे	म	ग	रे	सा	–
चं	ऽ	च	ल	नै	ऽ	न	न	म	न	भ	र	मा	ऽ	ये	ऽ
सा	रे	म	–	प	प	प	ध	नि	सां	रें	गं	सां	ध	प	म
ता	हि	चा	ऽ	ह	क	र	त	मो	ऽ	हे	तं	ऽ	ग	म	न

स्थायी तान : मन मोकह सुन

पध पम पध निसां । निध पम गरे सासा

१०६. लक्ष्मण रेखा की कथा

स्थायी

लखन ने रेख लगाई ।

♫ ममप प ध–प मगरेसा– ।

अंतरा–1

रावण मारीच जाल बिछाए, मृग–माया का मोह रचाए ।

भूल न हो, भौजाई! ।।

♫ सा–रेग रे–सासा प–म गरे–म–, पप प–ध– प– नि–ध पम–प– ।

म–प प ध–, पमगरेसा– ।।

अंतरा–2

संकट चारों ओर हैं छाए, राघव मृग के पीछे धाए । रोत है सीता माई ।।

अंतरा–3

छोड़ धरोहर, आज्ञा तोड़े, चला लखन सीता को छोड़े । क्षमा करो, रघुराई! ।।

अंतरा–4

बोला, रेखा पार न करिए, गैरन पर विश्वास न धरिए । सुनिये, सीता माई! ।।

१०७. सीता अपहरण

स्थायी

सीता माई भिक्षां देहि ।

♫ सा–रे– ग–रे–! प–म– गरेसा– ।

अंतरा–1

वस्त्र गेरुए, सिर पर चोटी, हाथ कमंडलु, दाढ़ी खोटी ।

आया जोगी रावण द्रोही, निकला लछमन कुटि से ज्यों ही ।।

♫ सा–रे ग–रेसा–, रेरे गग म–म–, प–म गरे–मम, प–मग प–म– ।

नि–ध– प–म– ग–मम प–प–, ममप– धधपम पप म– गरे सा– ।।

अंतरा–2

राम गये हैं मृग के पीछे, लखन है निकला रेखा खींचे ।

सिया अकेली कुटिया माही, जैसी थी रावण ने चाही ।।

अंतरा–3

भिक्षा देने सीता आयी, रावन उसकी धरी कलाई ।

शोर मचा रही है वैदेही, इत उसका रघु तारक नाही ।।

१०८. सीता अपहरण

दादरा ताल(सीता अपहरण की कथा)

स्थायी

गीत शारद ने मंजुल है गाया, साज नारद मुनि ने बजाया ।
रत्नाकर से है मंगल रचाया, रामायण को है सुंदर सजाया ।।

♫ म-ग म-म- म प-म- ग म-प-, रे-ग म-म- मध- प- मग-म- ।
रेगम-म म- म ध-प- गम-प-, रे-ग-म- म- म ध-प- मग-रे- ।।

अंतरा-1

निकला कुटिया से लछिमऽन ज्योंही, आया रावऽन मुनिऽ बनके त्योंही ।
ज्योंही रेखा को पाँवऽ लगाया, झटका बिजली का दसमुख ने पाया ।।

♫ सां-सां निनिरें- सां धधनि-ध प-म-, सांसां नि-रें-सां धध- नि-ध प-म- ।
मग म-म- म प-म- गम-प-, रे-ग ममम- म धधपप म ग-रे- ।।

अंतरा-2

बोला, माई! मैं भूखा बड़ा हूँ, भिक्षा लूँगा जहाँ मैं खड़ा हूँ ।
पार रेखा के सिय को बुलाया, और काँधे पर उसको उठाया ।।

अंतरा-3

लाया सीता को जोरऽ जबरिया, रोई सीता, बचाओ साँवरिया ।
राऽवन ने सिया को बिठाया, यान दक्षिण दिशा में उड़ाया ।।

१०९. गई कहाँ सखी सीता

राग तिलक कामोद :तीन ताल / कहरवा ताल

स्थायी : गई कहाँ सखी सीता प्यारी, ढूँढ ढूँढ कर अखियाँ हारी ।।

अंतरा : 1. बोलो लछिमन मोरे भाई, कहाँ है तोरी भौजाई ।
श्वापद कोई उसको खाई, छुपी तो नहीं वो बैठी ।
या है उसको असुर उठाई, गई कहाँ .. ।।

2. कमल कुसुम सम कोमल काया, कहाँ गयी मोरी जाया ।
ठगी असुरों ने रच कर माया, कहाँ से संकट आया ।
खो गयी रे मोरी सीता प्यारी, गई कहाँ .. ।।

3. सुंदरतर रमणी अभिरामा, अनूप शुभ रूप ललामा ।
कहाँ गयी है तू बिन रामा, तज अपनी कुटिया धामा ।
खोजी हमने भूमि सारी, गई कहाँ .. ।।

स्थायी

0				3				X				2			
नि़	**सा**	**रे**	**ग**	**रे**	**प**	**म**	**गरे**	**सानि़**	**प़**	**नि़**	**सा**	**नि़सा**	**रेग**	**नि़**	**सा**
ग	ई	ऽ	क	हाँ	ऽ	स	खीऽ	सीऽ	ऽ	ता	ऽ	प्याऽ	ऽऽ	री	ऽ
रे	**म**	**प**	**ध**	**म**	**प**	**सां**	**सां**	**प**	**ध**	**म**	**–**	**गरे**	**ग**	**नि़**	**सा**
ढूँ	ऽ	ढ	त	ढूँ	ऽ	ढ	त	अ	खि	याँ	ऽ	हाऽ	ऽ	री	ऽ
रे	**म**	**प**	**ध**	**म**	**प**	**सां**	**सां**	**प**	**ध**	**म**	**–**	**पध**	**पम**	**गरे**	**नि़सा**
ढूँ	ऽ	ढ	ढूँ	ऽ	ढ	क	र	अ	खि	याँ	ऽ	हाऽ	ऽऽ	री	ऽऽ
नि़	**सा**	**रे**	**ग**	**रे**	**प**	**म**	**गरे**	**सानि़**	**प़**	**नि़**	**सा**	**नि़सा**	**रेग**	**नि़**	**सा**
ग	ई	ऽ	क	हाँ	ऽ	स	खीऽ	सीऽ	ऽ	ता	ऽ	प्याऽ	ऽऽ	री	ऽ

अंतरा–1

0				3				X				2			
म	**रे**	**म**	**–**	**प**	**प**	**नि**	**नि**	**सां**	**–**	**सां**	**–**	**रें**	**नि**	**सां**	**–**
बो	ऽ	लो	ऽ	ल	छि	म	न	मो	ऽ	रे	ऽ	भा	ऽ	ई	ऽ
प	**नि**	**–**	**सां**	**रें**	**–**	**रें**	**–**	**सां**	**–**	**रें**	**गं**	**नि**	**–**	**सां**	**–**
ग	ई	ऽ	क	हाँ	ऽ	स	खीऽ	सीऽ	ऽ	ता	ऽ	प्याऽ	ऽऽ	री	ऽ
म	**रे**	**म**	**म**	**प**	**–**	**नि**	**–**	**सां**	**सां**	**सां**	**–**	**रें**	**नि**	**सां**	**–**
श्वा	ऽ	प	द	को	ऽ	ई	ऽ	उ	स	को	ऽ	खा	ऽ	ई	ऽ
प	**नि**	**–**	**सां**	**रें**	**–**	**रें**	**रें**	**सां**	**–**	**रें**	**गं**	**नि**	**–**	**सां**	**–**
छु	पी	ऽ	ऽ	तो	ऽ	न	ही	वो	ऽ	बै	ऽ	ठी	ऽ	ऽ	ऽ
प	**नि**	**सां**	**रें**	**नि**	**सां**	**प**	**–**	**प**	**ध**	**म**	**म**	**गरे**	**ग**	**नि़**	**सा**
या	ऽ	है	ऽ	उ	स	को	ऽ	अ	सु	र	उ	ठाऽ	ऽ	ई	ऽ
नि़	**सा**	**रे**	**ग**	**रे**	**प**	**म**	**गरे**	**सानि़**	**प़**	**नि़**	**सा**	**नि़सा**	**रेग**	**नि़**	**सा**
कि	त	ग	यी	सी	ऽ	ता	ऽऽ	प्राऽ	ऽ	ण	पि	याऽ	ऽऽ	री	ऽ

१**१०. हे वीर जटायु!**

स्थायी

हे वीर जटायु प्यारे! अभिनंदन लाखों तेरे ।
तूने, नारी की रक्षा करने, प्राण गवाँए अपने ।।
बलिदान जो तूने कीन्हा, भारत की मिट्टी सोना ।
जय हो भारत भूमि, जय जय भारत माता ।।

♫ सा- रे-रे रेग-रे- गमप-! धधप-मम ग-म- गरेसा- ।
सासा, रे-रे रे म-ग- रेरेग-, प-म गरे-ग- मगरे- ।।
रेरेग-ग ग रे-ग- म-प-, ध-पप म- ग-म- गरेग- ।
सासा रे- ग-रेरे ग-म-, धप मम ग-मम गरेसा- ।।

अंतरा-1

तेरी, भारत भक्ति सच्ची, तेरी कुरबानी है ऊँची ।
तुने सुन वेदों की वाणी, पर दारा माता जानी ।।
आदर्श है तेरा ऊँचा, सद्‌भाव है तेरा सच्चा ।
जय वेदों की भूमि, जय जय भाग्य विधाता ।।

♫ सासा, रे-रेरे ग-रे- ग-म-, पप मगरे-ग- म- पमग- ।
सासा रेरे ग-म- प- मगम-, पप ध-प- मगरे- गरेसा- ।।
सा-रे-रे रे ग-म- प-प-, धधप-प प म-गरे म-ग- ।
सासा रे-ग- रे- ग-म-, धप मम ग-मम गरे-सा- ।।

अंतरा-2

हे रामचंद्र रघुराई! हे जानकी सीता माई! ।
हे लखन लला सुखदाई! हे भारत सुत मम भाई! ।
तेरी आँख में आँसू केसे, जब वीर जटायु जैसै ।।
जय हो कर्म की भूमि, जय जय सीता माता ।।

१११. हरि दर्शन की आस

राग बहार : तीन ताल / कहरवा ताल

स्थायी : मोहे प्रभु दरशन की आस लगी, मोहे चातक जैसी प्यास लगी ।

अंतरा : 1. राम चंद्र मोहे दरस दिलादो, किरपा का मोहे पयस पिलादो ।
राघव जी मोसे नैन मिलादो, पल भर ही सही, कोई बात नहीं ।।

2. नंद लाल हरि राह दिखादो, जीवन की मोहे चाह दिलादो ।
माधव मोहे चैन दिलादो, छन भर ही सही, कोई बात नहीं ।।

3. नाम मनोहर मन में बसादो, प्रीय सखे मोरा काज करादो ।
बाँसुरी की मोहे बैन सुनादो, एक सुर ही सही, कोई बात नहीं ।।

स्थायी

		0				3				X				2			
नि	सां	निसां	रेंसां	नि	प	^{म}ग	ग	म	प	सां	–	नि	ध	नि	सां	नि	सां
मो	हे	प्रऽ	भुऽ	द	र	श	न	की	ऽ	आ	ऽ	स	ल	गी	ऽ	मो	हे
		निसां	रेंसां	नि	प	^{म}ग	ग	म	प	सां	–	नि	ध	नि	सां	–	–
		प्रऽ	भुऽ	द	र	श	न	की	ऽ	आ	ऽ	स	ल	गी	ऽ	ऽ	ऽ
		सां	रें	नि	सां	नि	प	म	प	ग	–	ग	म	रे	सा	नि	सां
		चा	ऽ	त	क	जै	ऽ	सी	ऽ	प्या	ऽ	स	ल	गी	ऽ	मो	हे
		निसां	रेंसां	नि	प	^{म}ग	ग	म	प	सां	–	नि	ध	नि	सां	–	–
		प्रऽ	भुऽ	द	र	श	न	की	ऽ	आ	ऽ	स	ल	गी	ऽ	ऽ	ऽ

अंतरा–1

0				3				X				2			
म	–	म	नि	ध	ध	नि	नि	सां	सां	सां	सां	नि	–	सां	–
रा	–	म	चं	ऽ	द्र	मो	हे	द	र	स	दि	ला	ऽ	दो	ऽ
नि	नि	नि	नि	सां	–	सां	–	नि	सां	रें	सां	नि	सां	नि	प
कि	र	पा	का	मो	ऽ	हे	ऽ	प	य	स	पि	ला	ऽ	दो	ऽ
सां	–	गं	मं	रें	–	सां	सां	नि	ध	ध	ध	नि	–	सां	–
रा	–	घ	व	जी	ऽ	मो	से	नै	ऽ	न	मि	ला	ऽ	दो	ऽ
सां	सां	नि	प	म	प	ग	गम	म	नि	ध	नि	सां	–	नि	सां
प	ल	भ	र	ही	स	ही	कोई	बा	ऽ	त	न	हीं	ऽ	मो	हे
निसां	रेंसां	नि	प	^{म}ग	ग	म	प	सां	–	नि	ध	नि	सां	नि	सां
प्रऽ	भुऽ	द	र	श	न	की	ऽ	आ	ऽ	स	ल	गी	ऽ	मो	हे

११२. मिलोगे अब कबहूँ

खयाल : राग काफी – तीन ताल

स्थायी : कहो मिलोगे अब कबहूँ, दोगे दरशन अब कबहूँ ।
बिरहन अँसुअन कैसे सहूँ ।।

अंतरा : 1. निश दिन तरसत बरसत नैना,
हाल मैं मन का कासे कहूँ । कहो मिलोगे ...

2. मन बेचैना मुश्किल रैना,
तुम बिन सजना कैसे रहूँ । कहो मिलोगे ...

स्थायी

		0				3				X				2			
सा	नि़	सा	रे	–	रे	ग	ग	म	म	प	–	–	म	ग	रे	सा	नि़
क	हो	मि	लो	ऽ	गे	अ	ब	क	ब	हूँ	ऽ	ऽ	ऽ	ऽ	ऽ	दो	गे
		सा	रे	रे	रे	ग	ग	म	म	प	–	–	म	ग	रे	–	–
		द	र	श	न	अ	ब	क	ब	हूँ	ऽ	ऽ	ऽ	ऽ	ऽ	ऽ	ऽ
		रे	नि	ध	नि	प	ध	म	प	सांनि	धप	म	प	ग	रे	सा	नि़
		बि	र	ह	न	अँ	सु	अ	न	कैऽ	ऽऽ	से	स	हूँ	ऽ	क	हो

अंतरा–1

0				3				X				2			
ध	म	प	ध	निध	पध	सां	सां	सांरें	गं	रें	सां	नि	ध	सां	–
नि	श	दि	न	तऽ	रऽ	स	त	बऽ	र	स	त	नै	ऽ	ना	ऽ
नि	–	नि	नि	ध	नि	प	ध	नि	रें	सां	रें	नि	–	ध	प
हा	ऽ	ल	मैं	म	न	का	ऽ	का	ऽ	से	क	हूँ	ऽ	क	हो
प	नि	ध	नि	प	ध	म	प	पध	निसां	निसां	निध	पम	गरे	सा	नि़
मि	लो	ऽ	गे	अ	ब	क	ब	हूँऽ	ऽऽ	ऽऽ	ऽऽ	ऽऽ	ऽऽ	दो	गे

स्थायी तान : **कहो मिलोगे अब**

1. सारे गम गरे सारे । गम पम गरे सा–

११३. राम-सिया विलाप

स्थायी

कब, होगा मधुर मिलाप ।

करते राम विलाप, करती सिया विलाप ।।

♫ सासा, रे-रे- गगम गरे-रे ।

गगम- ध-प मप-प, धधप- मग- रेसा-सा ।।

अंतरा-1

सीता मेरी प्राण पियारी, बोलो किसने है वो निहारी ।

निकल कहाँ वो गयी है घर से, पूछे राघव खग तरुवर से ।

मोहे, कौन दिया है शाप ।।

♫ सा-रे- ग-म- प-प पनिपध-, पमप- धधप- ध- प गमरेग- ।

सासासा रेग- म- पप- प मम म-, ग-म प-पप धप मगरेरे सा- ।

धध-, नि-ध पम- ग- रे-सा ।।

अंतरा-2

लक्ष्मण-रेखा पार करी मैं, भूल बहुत ये घोर करी मैं ।

कहाँ फँसी मैं, मुझे छुड़ाओ, रघुपति आकर मुझे बचाओ ।

मैंने, किया कौनसा पाप ।।

अंतरा-3

रावण मारीच जाल बिछा कर, मृग-माया का स्वाँग सजाया ।

सिया राम के मन को रिझा कर, एक नया इतिहास रचाया ।

है, राम-सिया मन ताप ।।

११४. साँवरिया रे रामा!

स्थायी

जुड़ जुड़ जाती मैं तोहे साँवरिया ।

♫ गग गग म-म म ध-प मगरेरेसा- ।

अंतरा-1

जहाँ मैं होती रामा, जादू की गुड़िया ।

छुप-छुप आती मैं, लाँघ सागरिया ।।

♫ सानि़ सा रेरे- रेरे, पम ग मम-प- ।

निनि निनि ध-प म, प-म गरेरेसा- ।।

अंतरा–2

जहाँ मैं होती रामा, पर वाली चिड़िया ।

उड़ उड़ आती मैं, तोहरी अटरिया ।।

अंतरा–3

जहाँ मैं होती रामा, सपनों की परिया ।

निंदिया में तोहरी मैं, तकती सुरतिया ।।

अंतरा–4

जहाँ मैं होती रामा, रावन–माँ बुढ़िया ।

गिन गिन लगाती मैं, कनवा पकड़िया ।।

११५. सीता आभूषण पहिचान की कथा

स्थायी

ना जानूँ मैं, केयुर कंगन, ना बिंदिया ना हार ।

हरि! मोहे, पैंजन की पहिचान ।।

♫ सा– रे–ग– म–, प–मग रे–गग, प– मगरे– ग– म–म ।

सासा! रेग–, प–मग रे– गरेसा–सा ।।

अंतरा–1

पग पूजे मैं साँझ सकारे, मोहे, पायल का है ज्ञान ।

♫ रेरे ग–म– म– प–म गरे–ग–, मम–, प–मग रे– गरे सा–सा ।

अंतरा–2

अंग सिया के नहीं लखूँ में, मोहे, मातु सम सम्मान ।

अंतरा–3

ना मैं जानूँ, कंठी कुंडल, मोरा, चरणन पर ही ध्यान ।

अंतरा–4

मम भौजाई, हे रघुराई! नित, पुण्य करे परिधान ।

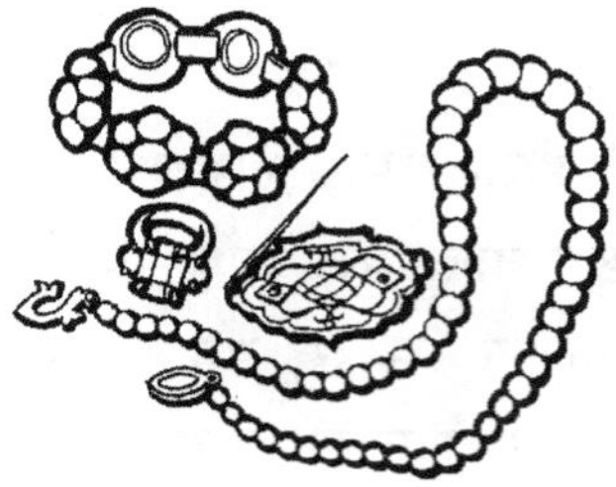

११६. विभीषण सीता संवाद

राग देस – तीन ताल

स्थायी : बोली विभीषण को सीता, राघव से कहो दरशन दीजो ।

अंतरा : 1. राघव आओ मेरी नगरिया,
प्रभो! हमारी लीजो खबरिया ।
निश दिन हमरा सुमिरन कीजो ।।

2. याद करे है तोरी सजनिया, राह में तेरी,
रामा मोरी नज़रिया ।
वानर सेना साथ में लीजो ।।

स्थायी

0				3				X				2			
मरे	रे	म	म	पध	मप	नि	नि	सां	–	प	ध	म	ग	रे	–
बोऽ	ऽ	ली	ऽ	विऽ	भीऽ	ष	ण	को	ऽ	सी	ऽ	ता	ऽ	ऽ	ऽ
रें	नि	ध	प	पनि	धप	मग	रे	रे	ग	रे	म	गरे	ग	नि़	सा
रा	ऽ	घ	व	सेऽ	ऽऽ	कऽ	हो	द	र	श	न	दीऽ	ऽ	जो	ऽ
मरे	रे	म	म	पध	मप	नि	–	सां	–	प	ध	म	ग	रे	–
बोऽ	ऽ	ली	ऽ	विऽ	भीऽ	ष	ण	को	ऽ	सी	ऽ	ता	ऽ	ऽ	ऽ

अंतरा–1

0				3				X				2			
म	–	म	म	प	–	नि	–	सां	–	सां	सां	रें	नि	सां	–
रा	ऽ	घ	व	आ	ऽ	ओ	ऽ	मे	ऽ	री	न	ग	रि	या	ऽ
नि	सां	रें	मं	गंरें	गं	नि	सां	प	नि	सां	रें	नि	ध	प	–
प्र	भौ	ऽ	ह	माऽ	ऽ	री	ऽ	ली	ऽ	जो	ख	ब	रि	या	ऽ
सां	सां	नि	नि	धप	ध	म	प	म	प	ध	म	गरे	ग	नि़	सा
नि	श	दि	न	हम	ऽ	रा	ऽ	सु	मि	र	न	कीऽ	ऽ	ज्यो	ऽ
मरे	रे	म	म	पध	मप	नि	–	सां	–	प	ध	म	ग	रे	–
बोऽ	ऽ	ली	ऽ	विऽ	भीऽ	ष	ग	को	ऽ	सी	ऽ	ता	ऽ	ऽ	ऽ

स्थायी तान : बोली वभीषण को ऽ

सारे मप निसां रेंसां । निध पम गरे सा–

११७. रो रो कर मैं बाँवरिया

राग पीलू कहरवा ताल

स्थायी : रो रो कर मैं बाँवरिया, मोहे बचाओ साँवरिया ।

अंतरा : 1. भोली झूठा कर पापी नज़रिया, मोहे उठा कर जोर जबरिया ।
लाया उड़ा कर, पार सागरिया ।।

2. रावन की ये सुवन नगरिया, महल ये गलियाँ, सुंदर बगिया ।
लागत मोहे प्रभु! सब कुछ घटिया ।।

3. मोहे लुभावत असुरों की मुखिया, ताने चुभावत दसमुख सखियाँ ।
हाय! रुलावत, लाज न रखियाँ ।।

4. खात है दिन डसे नागिन रतिया, काटत मन अरु काँपत छतिया ।
नाथ विना अब, कासे कहूँ बतिया ।

5. सिय को पुकारत रामजी दुखिया, रोत है लछिमन व्याकुल अँखियाँ ।
आया है हनुमत, लेके मुँदरिया ।।

स्थायी

X				0				X				0			
ग	रे	सा	नि़	सा	ग	रे	म	ग	रे	सा	नि़	सा	–	–	–
रो	ऽ	रो	ऽ	क	र	मैं	ऽ	बाँ	ऽ	व	रि	या	ऽ	ऽ	ऽ
ग	–	ग	ग	म	–	म	रे	रे	म	मप	धप	ग	रे	सा	नि़
मो	ऽ	हे	ब	चा	ऽ	ओ	ऽ	साँ	ऽ	वऽ	ऽरि	या	ऽ	ऽ	ऽ
ग	रे	सा	नि़	सा	ग	रे	म	ग	रे	सा	नि़	सा	–	–	–
रो	ऽ	रो	ऽ	क	र	मैं	ऽ	बाँ	ऽ	व	रि	या	ऽ	ऽ	ऽ

अंतरा–1

X				0				X				0			
सा	–	ग	म	प	–	ध	प	ग	म	नि	प	ग	गरे	नि़	सा
भो	ऽ	ली	झू	ठा	ऽ	क	र	पा	ऽ	पी	न	ज़	रिऽ	या	ऽ
ग	–	ग	ग	म	–	म	म	पध	नि	नि	सां	ध	निध	प	–
मो	ऽ	हे	उ	ठा	ऽ	क	र	जोऽ	ऽ	र	ज	ब	रि–	या	ऽ
म	प	नि	नि	सां	–	निध	प	रे	म	ध	प	ग	गरे	सा	नि़
ला	ऽ	या	उ	ड़ा	ऽ	कऽ	र	पा	ऽ	र	सा	ग	रिऽ	या	ऽ
ग	रे	सा	नि़	सा	ग	रे	म	ग	रे	सा	नि़	सा	–	–	–
रो	ऽ	रो	ऽ	क	र	मैं	ऽ	बाँ	ऽ	व	रि	या	ऽ	ऽ	ऽ

११८. मूर्छित लक्ष्मण

स्थायी

लखन भाई! तुम बिन मोहे सुख नाही ।

♫ रेरेग रेसा–! सासा रेरे गरे– मग रे–सा– – ।

अंतरा–1

सिया बिरहा के दुःख बड़े हैं, अंग अनुज! तव, शिथिल पड़े हैं ।
तुम बिन, नाही कछु जग माही ।।

♫ रेग मगरे– सा– रे–रे गम– प–, ग–ग मपप! पप, धधप मप– ध– ।
सासा रेरे, गरे गग– मग रे–सा– – ।।

अंतरा–2

नैन खोल अब लखन पियारे! और न सह सके मोरा जिया रे! ।
मोहे छोड़, लखन! मत जाई ।।

अंतरा–3

पहले ही जो, दुख थे भारे, भए हैं दुगुने, अनुज दुलारे! ।
व्यर्थ लगे अब, विजय भी, भाई! ।।

अंतरा–4

तुझ बिन घर सखे! कैसे मैं जाऊँ, माता को क्या मुखड़ा दिखाऊँ ।
शिव शंकर जी! पाहि मोहे पाहि! ।।

११९. असत् पर सत् की विजय

दादरा ताल

स्थायी

बोला, विभीषण सुनो मेरी भाभी, फटी आज है दसमुख की नाभि ।

♫ सानि़, सासासासा गरे– सा–नि़ सा–रे–, सारे ग–ग– ग पपमग ग रे–सा– ।

अंतरा–1

होनी मुक्ति है आज सिया की, सिया होवेगी आज पिया की ।
होगा राघव ने चाहा है जो भी ।।

♫ मप ध–ध– ध– नि–ध पम– प–, पध नि–नि–नि सां–नि– धप– म– ।
सारे ग–गग ग प–म– ग रे– सा– ।।

अंतरा–2

अब न लंका में अँधेर होगा, नर निर्दोष ना तंग होगा ।
कोई गुंडा न होगा, न लोभी ।।

अंतरा-3

कोई अबला न अब दुख में रोये, बच्चा भूखा न अब कोई सोये ।
मिली हमको है किसमत की चाभी ।।

१२०. पुष्पक विमान पर सियाराम

स्थायी

पुष्पक विमान पर सियराम, संग में लछमन अरु हनुमान ।
धरती पर जन गाते गान, जै जै सीता, जै जै राम ।।

♫ सा-सासा रेरे-रे गग रेगम-म, प-म ग रेरेगग मग रेरेसा-सा ।
सासासा- गग रेसा रे-गम ग-ग, प- म- गरेग-, म- गरे सा-सा ।।

अंतरा-1

आसमान में यान वो भला, पवन वेग से अवध को चला ।
नारद शंकर करत प्रणाम, जै जै सीता, जै जै राम ।।

♫ प-पप-प प- नि-ध प- मप-, धधध ध-ध प- धपम ग- मप- ।
म-मप म-गरे ममग रेसा-सा, प- म- गरेग-, म- गरे सा-सा ।।

अंतरा-2

नील गगन के चाँद सितारे, हिरदय हारी नयनन प्यारे ।
चाँदनी में सागर अभिराम, जै जै सीता, जै जय राम ।।

अंतरा-3

पूर्व क्षितिज पर जब रवि उभरा, रंग गगन का हुआ सुनहरा ।
नदियाँ पर्वत विपिन ललाम, जै जै सीता, जै जय राम ।।

अंतरा-4

लोग अवध के भगत हैं बड़े, आतुर मन से राह में खड़े ।
हर लब पर हैं दो शुभ नाम, जै जै सीता, जै जय राम ।।

१२१. राघव लंका से चले

दोहा

राघव लंका से चले, वापस अपने देस ।
देत विदाई रोइके, विभीषण जी लंकेस ।।
राम सिया राम, सिया राम, जै जै रामा ।। टेक॰

♫ सा–सासा रे–रे– ग– रेग–, म–मम पमगरे ग–ग ।
म–म मम–म– प–मप–, धधधप म– रे–सा–सा ।।
सा– रेग म–, पम ग–ग, रे– ग– रेसासा– ।।

चौपाई

1. सिया संग श्री राम सुहाते, देख युगल मम नैन लुभाते ।
राम–सिया राम, सिया राम, जै जै रामा ।।

♫ सा–रे– ग–ग ग– प–म गरे–ग–, प–म गरेरे गग प–म गरे–सा– ।
सा– रेग म–, पम ग–ग, रे– ग– रेसासा– ।।

2. शुभ्र वस्त्र में रघुवर साजे, पीत वसन सिय तन पे बिराजे ।

3. पुष्प पर्ण आभूषण धारी, शुद्ध सादगी लगती प्यारी ।

4. जटा खड़ाऊँ पिनाक धारी, रामचंद्र की मूरत न्यारी ।

5. राम–सिया शुभ मंगलकरी, प्रभु चरणन में सब बलिहारी ।

6. राम लखन सीता हनुमंता, दर्शन पावन सुखद अनंता ।

7. सुर–असुर सब अमृत भीने, विभीषण को लंका पति कीन्हे ।

8. भरत मिलन की मन में आसा, राम–लखन–सिय हनुमत दासा ।

राम–सिया राम, सिया राम, जै जै रामा ।।
सा– रेग म–, पम ग–ग, रे– ग– रेसासा– ।।

दोहा

भरत–मिलन की आस है, चाँद चकोर समान ।
सीता को लेकर चले, राम लखन हनुमान ।।

♫ गगग गगग म– प–म प–, ध–प मप–म गरे–रे ।
सा–सा सा– रे–गम गरे–, म–म गगग रेरेसा–सा ।।

१०. आनंदोत्सव संगीत

१२२. दीपावली भजन

स्थायी : घर घर दीप जलाओ सखी री, आज दीवाली ।
आतशबाज़ी जलाओ रे भैया, आज दीवाली ।।

अंतरा :
1. लक्ष्मी पूजा करो रे भैया, मृदंग ढोल बजाओ, सखी री ।।
2. धन देवी की आरती मंगल, कीर्तन गान सुनाओ, सखी री ।।
3. आज घर आयो दशरथ नंदन, अवध में आनंद छायो, सखी री ।।
4. बाल बालिका वनिता सुंदर, रंग रंगोली सजायो, सखी री ।।

स्थायी

X				0				X				0			
प	प	प	प	प	नि	ध	प	म	–	म	म	म	प	म	ग
घ	र	घ	र	दी	ऽ	प	ज	ला	ऽ	ओ	स	खी	री	आ	ज
म	–	प	–	नि	ध	–	–	सां	सां	सां	सां	सां	–	सां	नि
दी	ऽ	वा	ऽ	ली	ऽ	ऽ	ऽ	घ	र	घ	र	दी	ऽ	प	ज
ध	–	ध	ध	ध	ध	ध	म	–	मध	निरें	सां	(नि)ध	–	प	म
ला	ऽ	ओ	स	खी	री	आ	ज	ऽ	दीऽ	वाऽ	ऽ	ली	ऽ	ऽ	ऽ
प	–	प	प	प	नि	ध	प	म	–	म	म	म	प	म	ग
आ	ऽ	त	श	बा	ऽ	ज़ी	ज	ला	ऽ	ओ	रे	भै	या	आ	ज
म	–	प	–	नि	ध	–	–								
दी	ऽ	वा	ऽ	ली	ऽ	ऽ	ऽ								

अन्तरा–1

X				0				X				0			
–	म	ध	नि	सां	–	सां	–	–	धनि	रें	सां	ध	–	प	म
ऽ	लक्ष्	मी	ऽ	पू	ऽ	जा	ऽ	ऽ	करो	ऽ	रे	भै	ऽ	या	ऽ
–	सां	ध	नि	सांरें	गं	रें	सां	–	धनि	रें	सां	ध	–	प	म
ऽ	लक्ष्	मी	ऽ	पू	ऽ	जा	ऽ	ऽ	करो	ऽ	रे	भै	ऽ	या	ऽ
–	प	प	प	प	नि	ध	प	म	–	म	म	म	प	म	ग
ऽ	मृ	दं	ग	ढो	ऽ	ल	ब	जा	ऽ	ओ	स	खी	री	आ	ज
म	–	प	–	नि	ध	–	–								
दी	ऽ	वा	ऽ	ली	ऽ	ऽ	ऽ								

१२३. श्री सत्यनारायण भजन

स्थायी : श्री सत्य नारायण साँई रे, तेरी आरती बड़ी सुखदायी, रे ।

अंतरा :
1. लक्ष्मीपति जग स्वामी हैं, मेरे माता पिता अरु भाई, रे ।
2. किरपावान गोसाईं हैं, अरु निश दिन मेरे सहाई, रे ।
3. पूजा पाठ सजाओ रे, अजी! गान कथा भी सुनाओ, रे ।

स्थायी

	X				0				X				0			
म ग	–	ग	ग	ग	म	–	प	सां	[नि]ध	प	म	ग	म	–	म	ग
श्री ऽ	ऽ	स	त्य	ना	रा	ऽ	य	ण	साँ	ऽ	ई	ऽ	रे	ऽ	श्री	ऽ
	–	ग	ग	ग	म	–	प	सां	[नि]ध	प	म	ग	म	–	ध	ध
	ऽ	स	त्य	ना	रा	ऽ	य	ण	साँ	ऽ	ई	ऽ	रे	ऽ	ते	री
	–	ध	ध	ध	ध	नि	नि	प	–	पनि	रें	सां	[नि]ध	प	म	ग
	ऽ	आ	र	ती	ब	ड़ी	सु	ख	ऽ	दाऽ	यी	ऽ	रे	ऽ	श्री	ऽ
	–	ग	ग	ग	म	–	प	सां	[नि]ध	प	म	ग	म	–	–	–
	ऽ	स	त्य	ना	रा	ऽ	य	ण	साँ	ऽ	ई	ऽ	रे	ऽ	ऽ	ऽ

अंतरा–1

X				0				X				0			
–	मम	ध	नि	सां	–	सां	सां	–	धनि	रें	सां	ध	–	प	म
ऽ	लऽ	क्ष्मी	प	ति	ऽ	ज	ग	ऽ	स्वाऽ	मी	ऽ	हैं	ऽ	मे	रे
–	मम	ध	नि	सांरें	गं	रें	सां	–	धनि	रें	सां	ध	–	प	म
ऽ	लऽ	क्ष्मी	प	तिऽ	ऽ	ज	ग	ऽ	स्वाऽ	मी	ऽ	हैं	ऽ	मे	रे
–	ग	ग	ग	म	–	प	सां	–	[नि]धप	म	ग	म	–	म	ग
ऽ	मा	ता	पि	ता	ऽ	अ	रु	ऽ	भाऽ	ई	ऽ	रे	ऽ	श्री	ऽ

१२४. गंगा मैया

दादरा ताल 6 मात्रा

स्थायी : गंगा मैया तू मंगल है माता, तेरा आँचल है कितना सुहाना ।
तेरी लहरों में है गुनगुनाता, मैया! संगीत सरगम तराना ।।

अंतरा : 1. निकली शंकर की काली– जटा से, तुझको भगिरथ ने लाया धरा पे ।
तुझको जन्हू की कन्या है माना, तेरा इतिहास पावन पुराना ।।

2. तेरे जल में हिमालय की माया, तुझमें जमुना का पानी समाया ।
शरयु को भी गले से लगाया, तूने उनको भी दीनी गरिमा ।।

3. तेरा तीरथ है लीला जगाता, सारे पापों से मुक्ति दिलाता ।
सारी नदियों में तू भागवाना, इसी कारण तू सबकी बड़ी माँ ।।

स्थायी

0			x			0			x		
–	म	ग	म	–	ध	–	ध	–	प	ध	प
ऽ	गं	गा	मै	ऽ	या	ऽ	तू	ऽ	मं	ऽ	ऽ
म	–	ग	म	प	–	–	–	–	–	–	–
गल	ऽ	है	मा	ता	ऽ	ऽ	ऽ	ऽ	ऽ	ऽ	ऽ
–	ग	ग	सा	–	ग	–	ग	–	म	म	–
–	ते	रा	आँ	ऽ	चल	ऽ	है	ऽ	कि	त	ऽ
प	–	ध	प	म	–	म	–	–	–	–	–
ना	ऽ	सु	हा	ऽ	ऽ	ना	ऽ	ऽ	ऽ	ऽ	ऽ
–	म	ग	म	म	ध	–	ध	–	प	–	–
ऽ	ते	री	ल	ह	रों	ऽ	में	ऽ	है	ऽ	ऽ
म	म	ग	म	प	–	–	–	–	–	–	–
गु	न	गु	ना	ता	ऽ	ऽ	ऽ	ऽ	ऽ	ऽ	ऽ
–	ग	सा	सा	–	ग	–	ग	–	म	म	–
–	मै	या	सं	ऽ	गी	ऽ	त	ऽ	स	र	ऽ
प	प	ध	प	–	–	म	–	–	म	–	–
ग	म	त	रा	ऽ	ऽ	ना	ऽ	ऽ	ऽ	ऽ	ऽ
–	म	ग	म	–	ध						
ऽ	गं	गा	मै	ऽ	या						

अंतरा

0			x			0			x		
–	**सां**	**सां**	**नि**	–	–	**रें**	**रें**	**सां**	**नि**	**ध**	**नि**
ऽ	निक	ली	शं	ऽ	ऽ	क	र	की	का	ऽ	ली
–	**ध**	–	**प**	–	–	**म**	–	–	–	–	–
ऽ	ज	ऽ	टा	ऽ	ऽ	से	ऽ	ऽ	ऽ	ऽ	ऽ
–	**सां**	**सां**	**नि**	**नि**	–	**रें**	**रें**	**सां**	**नि**	**ध**	–
ऽ	तुझ	को	भ	गि	ऽ	र	थ	ने	ला	ऽ	ऽ
नि	–	**ध**	**प**	**म**	–	**म**	–	–	–	–	–
या	ऽ	ध	रा	ऽ	ऽ	पे	ऽ	ऽ	ऽ	ऽ	ऽ
–	**म**	**ग**	**म**	**म**	**ध**	–	**ध**	–	**प**	**ध**	**प**
ऽ	तुझ	को	ज	न्	हू	ऽ	की	ऽ	क	न्	ऽ
म	–	**ग**	**म**	**प**	–	–	–	–	–	–	–
या	ऽ	है	मा	ना	ऽ	ऽ	ऽ	ऽ	ऽ	ऽ	ऽ
–	**ग**	**ग**	**सा**	**सा**	**ग**	–	**ग**	–	**म**	–	–
ऽ	ते	रा	इ	ति	हा	ऽ	स	ऽ	पा	ऽ	ऽ
प	–	**ध**	**प**	–	–	**म**	–	–	**म**	–	–
वन	ऽ	पु	रा	ऽ	ऽ	ना	ऽ	ऽ	ऽ	ऽ	ऽ

१२५. यमुना रानी

शोकहर छंद

जमुनारानी पवित्रपानी राधाकृष्णविलासधरा ।
पापहारिणी तापहारिणी व्रजवासीजनचित्तहरा ।। 1
गिरिविहारिणी हृदयमोहिनी गोकुलभीतिविनाशकरा ।
शुभसुहासिनी मधुरभाषिणी धेनुवत्समनमोदभरा ।। 2
विमलवारिणी कमलधारिणी सीताराघववरग्रहिणी ।
मंगलवदनी चंचलरमणी पूज्यनीरगङ्गाभगिनी ।। 3
अघटनाशिनी अघनिषूदिनी स्वर्गसेउतरी सुरतटिनी ।
गोपमोहिनी गोपिमोदिनी मधुबनदूबहरितकरिणी ।। 4
सुंदरललना मंजुलबैना नरपशुतरुआह्लादखरा ।
गहरापानी अनहदवाणी कर्णमधुरसुरनादभरा ।। 5

११. अध्यात्म संगीत

१२६. एक से दूसरा दीप जलाओ

राग : खमाज, तीन ताल, खयाल

स्थायी : एक से दूसरा दीप जलाओ,
परंपरा की रीत चलाओ ।

अंतरा : 1. मन अंधियारा दूर भगाओ, चाँद जीवन में चार लगाओ ।
2. जगमग आभा तन में जगाओ, ज्ञान ज्योति मन से न बुझाओ ।

स्थायी

0				3				X				2			
धनि	सांरें	सां	नि	धप	ध	म	ग	ग	म	प	ध	नि	–	सां	–
एऽ	ऽऽ	क	से	दूऽ	ऽ	स	रा	दी	ऽ	प	ज	ला	ऽ	ओ	ऽ
सां	गं	–	मं	गं	रें	नि	सां	नि	–	सां	रें	नि	सां	नि	ध
प	रं	ऽ	प	रा	ऽ	की	ऽ	री	ऽ	त	च	ला	ऽ	ओ	ऽ
धनि	सांरें	सां	नि	धप	ध	म	ग	ग	म	प	ध	नि	–	सां	–
एऽ	ऽऽ	क	से	दूऽ	ऽ	स	रा	दी	ऽ	प	ज	ला	ऽ	ओ	ऽ

अंतरा–1

0				3				X				2			
ग	म	निध	नि	सां	–	सां	–	नि	–	सां	सां	नि	सां	नि	ध
म	न	अंऽ	धि	या	ऽ	रा	ऽ	दू	ऽ	र	भ	गाऽ	ऽऽ	ओ	ऽ
सां	–	गं	मं	गं	गं	नि	सां	प	नि	सां	रें	नि	सां	नि	ध
चाँ	ऽ	द	जी	व	न	में	ऽ	चा	ऽ	र	ल	गाऽ	ऽऽ	ओ	ऽ
धनि	सांरें	सां	नि	धप	ध	म	ग	ग	म	प	ध	नि	–	सां	–
एऽ	ऽऽ	क	से	दूऽ	ऽ	स	रा	दी	ऽ	प	ज	ला	ऽ	ओ	ऽ

स्थायी तान : एक से दूसरा ऽ
गम पम पध निसां । निध पम गरे सा–

१२७. आत्मा और ब्रह्म

इदं पूर्णं च तत्पूर्णं पूर्णे पूर्णं विलीयते ।
पूर्णात्पूर्णमृणं कृत्वा शेषं पूर्णैव विद्यते ।।
♬ सांनि- धनि- सां नि-ध-प-, ध-प- म-प- गम-पम- ।
रे-ग-म-ग- पम- ग-रे-, ग-म- प-म-ग रे-गसा- ।।

पूर्ण ये भी है, वो भी पूर्ण है, पूर्ण से मिलता सो पूर्ण है ।
पूर्ण से निकला यदि पूर्ण तो, बाकी बचेगा सो पूर्ण है ।।
♬ रे-रे रेग रे सा-, रेग रे गमग रे-, सा-सा सा रेरेग- प म-ग रे- ।
म-म म पपप- धनि- ध-प म-, म-प धप-म- ग रे-ग सा- ।।

अंतरा-1

मूल शून्य ही ब्रह्म खर्व है, शून्य से निकला ये सर्व है ।
शून्य नाम ही व्योम पूर्ण है, शून्य से मिल कर वो शून्य है ।।
♬ सां-नि ध-नि ध- सां-नि ध-प म-, ध-ध ध पपम- ध प-म ग- ।
रे-ग म-म म- प-म ग-रे ग-, रे-रे रे गग मम ग रे-ग सा- ।।

अंतरा-2

भूत पाँच गुण तीन हैं कहे, अष्ट वर्ग से ये पूर्ण है ।
पूर्ण ऊर्ध्व अरु मध्य पूर्ण है, अंत में जाकर वो शून्य है ।।

अंतरा-3

आत्म पूर्ण है परमात्म वही, पूर्ण से मिल कर ये पूर्ण है ।
ये भी पूर्ण और पूर्ण वही है, शून्य से मिल कर वो शून्य है ।।

अंतरा-4

प्राण प्राणियों में सब जिसने, डाली धड़कन हर दिल में ।
साँस साँस में पूर्ण रहे वो, बिन जिसके सब अपूर्ण है ।।

अंतरा-5

कण कण में है एक ईश सना है, शून्य से बढ़ कर विश्व बना ।
जड़ चेतन सब भव्य सृष्टि में, अगम्य होकर भी गम्य है ।।

श्लोकः ।

इदं शून्यं च तच्छून्यं शून्याच्छुन्यं हि जायते ।
शून्ये शून्यं समायुज्य पूर्णं शून्यं हि वर्तते ।। 949/2422
♬ रेग- म-म- प म-ग-रे-, प-म-ग-रे- म ग-रेसा- ।
रे-रे- ग-ग- मप-म-ग-, प-म- ग-रे- म रे-गसा- ।।

१२८. कहो प्रभु जी

कहरवा ताल

स्थायी : कहो प्रभु जी! दुखी जहाँ का, अजीब खेला क्यों है रचाया ।
ये शोर दुखियों की आतमा का, प्रभु बताओ क्यों है मचाया ।।

अंतरा :

1. यहाँ न कोई किसी का भाई, न दोसती में कहीं सचाई ।
ये हाल जीने का इस जहाँ में,
बताओ प्रभु जी क्यों है बनाया ।।
2. कहीं लड़ाई या बेवफाई, मगर भलाई न दे दिखाई ।
बेहाल आँसू पीना जहाँ में,
बतादो प्रभु जी क्यों है सनाया ।।
3. कहीं बुराई कहीं दुहाई, कहीं जुदाई कहीं रुलाई ।
ये साज रोने का इस जहाँ में,
न जाने प्रभु जी क्यों है बजाया ।।

<u>स्थायी</u>

X				0				X				0			
सा	प	–	प	प	ध	म	प	प	पध	सां	नि	ध	–	प	–
क	हो	ऽ	प्र	भु	ऽ	जी	ऽ	दु	खीऽ	ऽ	ज	हाँ	ऽ	का	ऽ
ग	म	–	ध	प	म	ग	सा	सा	नि़ध़	–	नि़	सारे	ग	ग	–
अ	जी	ऽ	ब	खे	ऽ	ला	ऽ	क्यों	है	ऽ	र	चाऽ	ऽ	या	ऽ
ग	म	–	ध	प	म	ग	सा	सा	नि़ध़	–	नि़	सा	–	सा	–
अ	जी	ऽ	ब	खे	ऽ	ला	ऽ	क्यों	है	ऽ	र	चा	ऽ	या	ऽ
सा	प	–	प	प	ध	म	प	प	पध	सां	नि	ध	–	प	–
ये	शो	ऽ	र	दु	खि	यों	ऽ	कि	आऽ	ऽ	त	मा	ऽ	का	ऽ
ग	म	–	ध	प	म	ग	सा	सा	नि़ध़	–	नि़	सारे	ग	ग	–
प्र	भु	ऽ	ब	ता	ऽ	ओ	ऽ	क्यों	है	ऽ	म	चाऽ	ऽ	या	ऽ
ग	म	–	ध	प	म	ग	सा	सा	नि़ध़	–	नि़	सा	–	सा	–
क	हो	ऽ	प्र	भु	ऽ	जी	ऽ	क्यों	है	ऽ	म	चा	ऽ	या	ऽ
सा	प	–	प	प	ध	म	प	प	पध	सां	नि	ध	–	प	–
क	हो	ऽ	प्र	भु	ऽ	जी	ऽ	दु	खीऽ	ऽ	ज	हाँ	ऽ	का	ऽ

अंतरा–1

X				0				X				0			
ग	ग	–	म	ध	–	नि	–	नि	सां	–	सां	नि	रें	सां	–
य	हाँ	ऽ	न	को	ऽ	ई	ऽ	कि	सी	ऽ	का	भा	ऽ	ई	ऽ
नि	नि	–	नि	सां	–	सां	–	सां	नि	रें	सां	(नि)ध	–	प	–
न	दो	ऽ	स	ती	ऽ	में	ऽ	क	हीं	ऽ	स	चा	ऽ	ई	ऽ
सा	प	–	प	प	ध	म	प	प	पध	सां	नि	ध	–	प	–
ये	हा	ऽ	ल	जी	ऽ	ने	ऽ	का	इस	ऽ	ज	हाँ	ऽ	में	ऽ
ग	म	–	ध	प	म	ग	सा	सा	(नि)ध	–	नि	सारे	ग	ग	–
ब	ता	ऽ	ओ	प्र	भु	जी	ऽ	क्यों	है	ऽ	ब	नाऽ	ऽ	या	ऽ
ग	म	–	ध	प	म	ग	सा	सा	(नि)ध	–	नि	सा	–	सा	–
ब	ता	ऽ	ओ	प्र	भु	जी	ऽ	क्यों	है	ऽ	ब	ना	ऽ	या	ऽ
सा	प	–	प	प	ध	म	प	प	पध	सां	नि	ध	–	प	–
क	हो	ऽ	प्र	भु	ऽ	जी	ऽ	दु	खीऽ	ऽ	ज	हाँ	ऽ	का	ऽ

१२९. प्रभु प्रेम

प्रभु से प्रेम पाने का, तरीका ये सुहाना है ।
हरि से प्रीत का सलीका, विनय से सिर झुकाना है ।।
♫ रेगम रे– गमरे ग–म– प–, धप–म– ग– पमगमग रे– ।
धप– म– सां–नि ध– पपध–, पमम ग– प– मगमग– रे– ।।

अंतरा–1

दुखे ना जिससे नर कोई, सुखी हो जिससे हर कोई ।
सभी को यार करना ही, हरि से प्यार करना है ।।
♫ रेधप म– गगरे गग म–प–, धप– म– गमरे मग प–म– ।
रेगम रे– ग–म रेगम– प–, धप– म– ग–प मगमग रे– ।।

अंतरा–2

अगर चंगा कहे कोई, बहुत निंदा करे कोई ।
सदा उपकार करना ही, हरि से प्यार करना है ।।

अंतरा–3

न जिसमें बैर है कोई, न जिसको गैर है कोई ।
सदा सुविचार करना ही, हरि से प्यार करना है ।।

१३०. कृष्ण जन्म

स्थायी

कान्हा तेरी अचंभे की लीला रे, तुने जादू अनूठा है कीन्हा रे ।
तुने जादू अनूठा है कीन्हा रे ।।

♫ सारे ग–ग– गध–प– म ग–पध म–, गम प–प– पनि–ध– म ग–प– प– ।
मप ध–ध– धनि–ध– म ग–प– प– ।।

अंतरा–1

अँधियारी तू रात में आया, कोई भी ये जान न पाया ।
अगम परम तेरी माया रे, तुने जादू अनोखा है कीन्हा रे ।।

♫ रेगम–ध– प– सां–नि ध प–ध–, नि–ध– प– ध– नि–ध प ग–म– ।
गगग ममम पध– नि–ध– प–, गम प–प– प–न–ध– म ग–म– रे– ।।

अंतरा–2

सोये कंस के पहरे वाले, खुल गए बंदीगृह के ताले ।
छाये मेघ हैं काले रे, तुने जादू गजब सा है कीन्हा रे ।।

अंतरा–3

जमुना ने है मार्ग दीन्हा, शेष नाग ने छाता है कीन्हा ।
मथुरा से गोकुल आया रे, तुने जादू अजब सा है कीन्हा रे ।।

१३१. अमर आत्मा

अक्षर ये आतमा है, देही अमर है जाना ।
अक्षय अनादि अजर है, पावन ये आतमा है ।।

♫ ग–रेरे सा– नि़–रेग– ग–, गम॑प– पम॑म॑ ग– रे–सा– ।
नि़रेरे रेग–ग म॑धप म॑–, प–म॑म॑ ग– प–म॑गरे सा– ।।

अंतरा–1

वस्त्रों को त्याज्य नित जैसे, मानव ये त्यागता है ।
देही भी देह नित वैसे, जर्जर को छोड़ता है ।
इसमें भला क्यों रोना, जीवन की भंगिमा है ।।

♫ ग–म॑– प– निध– पप म॑–प–, ग–म॑म॑ प– ध–पम॑– ग– ।
नि़–रे– ग– म॑–प धध म॑–प–, ध–पप म॑– ध–पम॑– ग– ।
सासारे– गम॑– प– म॑–ग–, प–म॑म॑ ग– प–म॑गरे सा– ।।

अंतरा–2

शस्त्रों से नहीं ये कटता, अग्नि से नहीं है जलता ।
पानी में नहीं ये गलता, वायु से नहीं है सूखता ।
अविनाशी सही है जाना, जैसे ये आसमाँ है ।।

♪ ग–म॑– प– निध– प– म॑म॑प–, ग–म॑– प– पम॑– ग– रेरेसा– ।
नि़–रे– ग– म॑प– ध– म॑म॑प–, ध–प– म॑– गम॑– प– पम॑ग– ।
सासारे–ग– म॑म॑– प– म॑–ग–, प–म॑ग रे– प–म॑गरे सा– ।।

अंतरा–3

हिरदय सभी में बसता, कण कण है इसीसे बनता ।
जीवन की ये है ज्योति, चेतन हैं इसीसे प्राणी ।
इसीको ब्रह्म है जाना, ये ही परम परमात्मा ।।

१३२. निष्काम बुद्धि

स्थायी

बिन माँगे ही मोती मिलते, माँगे मिले ना भीख रे ।
बिना कामना कर्म करना, अर्जुन प्यारे! सीख रे ।।

♪ गरे सारे– ग– ध–प मगरे–, गम पध– ध– प–म ग– ।
गम– प–पप– ध–प मगम–, सा–सासा रे–ग–! प–म ग– ।।

अंतरा–1

जो करणीयं सो करना है, सुकर्म करते ही मरना है ।
सुख दुख दोनों एकसे धरे, सब कुछ सहना, ठीक रे ।।

♪ ग– मपध–ध– नि– धपम– प–, धप–म गगमप– धपग म– ।
रेरे गग म–प– ध–प म– गम–, सासा रेरे गगम–, प–म ग– ।।

अंतरा–2

कर्मभूमि ही धर्मभूमि है, समान करना लाभ हानि है ।
पवित्र ऐसी भावना लिये, हार में भी, जीत रे ।।

अंतरा–3

रण में जब क्षत्रिय खड़ा हो, धर्म युद्ध जब आन पड़ा हो ।
न कोई शत्रु, ना ही मीत है, यही नीति की, रीत रे ।।

१३३. गीता दसवाँ अध्याय

कहरवा ताल

स्थायी : **प्रभु जी! किसमें रहते तुम, बताओ श्रवण प्यासे हम ।**
प्रभोः भोः! कुत्र निवससि त्वं, वदतु मां, ज्ञातुमिच्छामि ।।

अंतरा : **1. जहाँ पर नाद ब्रह्म का, जहाँ पर राग सरगम का ।**
वहाँ पर स्थान है मेरा, अरेऽहं "तत्र तिष्ठामि" ।।

2. जहाँ पर है दिलों में गम, जहाँ पर बेदिली है कम ।
वहाँ पर वास है मेरा, सुनोऽहं "तत्र विष्ठामि" ।।

3. जहाँ पर पाप का नहीं दम, जहाँ पर पुण्य है हरदम ।
वहाँ आधार है मेरा, सखेऽहं "भद्ररक्षामि" ।।

4. कहीं ना धाम है ऐसा, कोई ना नाम है ऐसा ।
जहाँ परिणाम ना मेरा, सदा "सर्वत्र गच्छामि" ।।

स्थायी

X				0				X				0			
ध़	**ऩि**	**रे**	**सा**	**–**	**रे**	**रे**	**रे**	**सा**	**ऩि**	**ध़**	**ऩि**	**सा–**	**–**	**–**	**–**
प्र	भु	ऽ	जी	ऽ	कि	स	में	र	ह	ते	ऽ	तुम	ऽ	ऽ	ऽ
ग	**रे**	**सा**	**ऩि**	**–**	**रे**	**रे**	**रे**	**सा**	**ऩि**	**ध़**	**ऩि**	**सा–**	**–**	**–**	**–**
ब	ता	ऽ	ओ	ऽ	श्र	व	ण	प्या	ऽ	से	ऽ	हम	ऽ	ऽ	ऽ

अंतरा–1

X				0				X				0			
सा	**ग**	**म**	**म–**	**–**	**म**	**–**	**म**	**ग**	**रे**	**ग**	**म**	**म**	**–**	**–**	**–**
ज	हाँ	ऽ	पर	ऽ	ना	ऽ	द	ब्र	ऽ	म्हा	ऽ	ये	ऽ	ऽ	ऽ
ग	**म**	**प**	**म–**	**–**	**प**	**–**	**म**	**ग**	**रे**	**ग**	**प**	**म**	**–**	**–**	**–**
ज	हाँ	ऽ	पर	ऽ	रा	ऽ	ग	स	र	ग	म	का	ऽ	ऽ	ऽ
रे	**ग**	**म**	**रे–**	**–**	**प**	**–**	**म**	**ग**	**–**	**म**	**–**	**रे**	**–**	**–**	**–**
व	हाँ	ऽ	पर	ऽ	स्था	ऽ	न	है	ऽ	मे	ऽ	रा	ऽ	ऽ	ऽ
ग	**रे**	**सा**	**ऩि**	**–**	**रे**	**–**	**रे**	**सा**	**ऩि**	**ध़**	**ऩि**	**सा–**	**–**	**–**	**–**
अ	रे	ऽ	हम्	ऽ	त	ऽ	त्र	ति	ऽ	ष्ठा	ऽ	मि	ऽ	ऽ	ऽ
ध़	**ऩि**	**रे**	**सा**	**–**	**रे**	**रे**	**रे**	**सा**	**ऩि**	**ध़**	**ऩि**	**सा–**	**–**	**–**	**–**
प्र	भो	ऽ	भो	ऽ	कु	ऽ	त्र	नि	व	स	सि	त्वम्	ऽ	ऽ	ऽ
ग	**रे**	**सा**	**ऩि**	**–**	**रे**	**–**	**रे**	**सा**	**ऩि**	**सा**	**ऩि**	**ध़**	**–**	**–**	**–**
व	द	तु	मां	ऽ	श्रो	ऽ	तु	मि	ऽ	च्छा	ऽ	मि	ऽ	ऽ	ऽ

१३४. माता

श्लोक

माता या सर्वजीवानां बलदा च शुभप्रदा ।
तां धेनुं शिरसा वन्दे पूज्याममृतदां सदा ।।

♫ ध-ध- ध- नि-धप-ध-नि-, सांनिध- प- गम-पध- ।
नि- ध-प- गमप- म-ग-, ध-प-म-गमग- रेसा- ।।

स्थायी

हमें जनम जो देती वो माता है,
अरु दूध पिलाती वो माता है ।

♫ पप- पधनि ध प-ग म रे-ग म-,
पप सां-नि धप-ध नि ध-प म- ।

अंतरा-1

पेट में पाले, लोरी गा ले, प्यार उसी का भाता है ।

♫ सां-नि ध नि-सां-, नि-धप म-प-, प-म गरे- म- ग-रे म- ।

अंतरा-2

गोद में ले ले, साथ में खेले, भार सहे भू माता है ।

अंतरा-3

कामधेनु बन, मन की मुरादें, पूरी करे गौ माता है ।

अंतरा-4

गौरी लछमी, सीता शारदा, जनम जनम का नाता है ।

अंतरा-5

जनम की भूमि, धेनु जननी, स्वर्ग से ऊँची माता है ।

अंतरा-6

कर्मभूमि जो, धर्मभूमि वो, प्यारी भारत माता है ।

१३५. योग

है, नाम इसी का यो...ग,
तू, जान इसी को योग ।

♫ सानि़, सा–रे रेग– म– पमगरेसा,
रेसा, रे–रे गमग रेसा रे– – – – रे ।

अंतरा–1

तन निर्मल हो, मन निश्चल हो,
दूर हों सुख के भो...ग । है, नाम इसी का योग ।।

♫ सानि़ सा–रेरे ग–, रेग म–गरे सा–,
म–म म पम गरे सा– – सा, रे–, रे–रे गपम गरे सा– ।।

अंतरा–2

नर निर्भय हो, दृढ़ निश्चय हो,
संयम का उपयोग । है, नाम इसी का योग ।।

अंतरा–3

स्थल प्रशांत हो, चित नितांत हो,
सत् जन का संजोग । है, नाम इसी का योग ।।

अंतरा–4

कोई न अपना, न ही पराया,
सम जाने सब लोग । है, नाम इसी का योग ।।

अंतरा–5

पूर्ण अहिंसा, तन मन वच से,
कोह रहे ना सोग । है, नाम इसी का योग ।।

अंतरा–6

फल की कामना, विषय वासना,
ना हों ये सब रोग । है, नाम इसी का योग ।।

१३६. हुतात्मा के लिए शांति पाठ

स्थायी

प्रभो शांति देना इस आतमा को,
तुमको हमारी यह वंदना है.

अंतरा : 1

. मिले आतमा ये परमातमा से,
लेना चरण में यह प्रार्थना है.

अंतरा : 2.

सारे जगत के आनंद दाता,
गोविंद देना सुख आतमा को.

अंतरा : 3.

हे कृष दामोदर चक्रपाणि,
इसे मोक्ष देना यह अर्चना है.

अंतरा : 4.

इसे पुण्य की तू घनी छाँव देना,
तुझसे हमारी यह प्रार्थना है.

स्थायी

X				0				X				0			
–	–	–	सा	रे	ग	–	प	म	–	–	–	रे	सा	नि़	–
ऽ	ऽ	ऽ	प्र	भो	शां	ऽ	ति	दे	ऽ	ऽ	ऽ	नां	ऽ	ऽ	ऽ
–	–	–	नि़	नि़	–	ग	रे	सा	–	–	–	सा	–	–	–
ऽ	ऽ	ऽ	इ	स	ऽ	आ	त	मा	ऽ	ऽ	ऽ	को	ऽ	ऽ	ऽ
–	–	–	प	–	प	–	प	पनि	ध	–	–	प	म	रे	–
ऽ	ऽ	ऽ	तुम	ऽ	को	ऽ	ह	माऽ	ऽ	ऽ	ऽ	री	ऽ	ऽ	ऽ
–	–	–	रे	म	ध	–	प	ग	–	–	–	रे	–	सा	–
ऽ	ऽ	ऽ	य	ह	वं	ऽ	द	ना	ऽ	ऽ	ऽ	है	ऽ	ऽ	ऽ
–	–	–	सा	रे	ग	–	प	म	–	–	–	रे	सा	नि़	–
ऽ	ऽ	ऽ	दे	ऽ	ना	ऽ	प्र	भो	ऽ	ऽ	ऽ	शां	ऽ	ऽ	ऽ
–	–	नि़	नि़	–	ग	–	रे	सा	–	–	–	सा	–	–	–
ऽ	ऽ	ति	इस	ऽ	आ	ऽ	त	मा	ऽ	ऽ	ऽ	को	ऽ	ऽ	ऽ

अंतरा–1

X				0				X				0			
–	–	–	प	ध	नि	–	रें	सां	–	–	–	नि	ध	–	–
ऽ	ऽ	ऽ	मि	ले	आ	ऽ	त	मा	ऽ	ऽ	ऽ	ये	ऽ	ऽ	ऽ
–	–	–	सां	नि	ध	नि	ध	प	–	–	–	प	–	–	–
ऽ	ऽ	ऽ	प	र	मा	ऽ	त	मा	ऽ	ऽ	ऽ	से	ऽ	ऽ	ऽ
–	–	–	प	ध	नि	–	रें	सां	–	–	–	नि	ध	–	–
ऽ	ऽ	ऽ	मि	ले	आ	ऽ	त	मा	ऽ	ऽ	ऽ	ये	ऽ	ऽ	ऽ
–	–	–	सां	नि	ध	नि	ध	प	–	–	म	ग	रे	सा	–
ऽ	ऽ	ऽ	प	र	मा	ऽ	त	मा	ऽ	ऽ	ऽ	से	ऽ	ऽ	ऽ
–	–	–	सा	रे	ग	–	प	म	–	म	–	रे	सा	ऩि	–
ऽ	ऽ	ऽ	ले	ऽ	ना	ऽ	च	र	ऽ	ण	ऽ	में	ऽ	ऽ	ऽ
–	–	ऩि	–	–	ग	–	रे	सा	–	–	–	सा	–	–	–
ऽ	ऽ	य	ऽ	ऽ	प्रार	ऽ	थ	ना	ऽ	ऽ	ऽ	है	ऽ	ऽ	ऽ
–	–	–	सा	रे	ग	–	प	म	–	–	–	रे	सा	ऩि	–
ऽ	ऽ	ऽ	दे	ऽ	ना	ऽ	प्र	भो	ऽ	ऽ	ऽ	शां	ऽ	ऽ	ऽ
–	–	ऩि	ऩि	–	ग	–	रे	सा	–	–	–	सा	–	–	–
ऽ	ऽ	ति	इस	ऽ	आ	ऽ	त	मा	ऽ	ऽ	ऽ	को	ऽ	ऽ	ऽ

१२. संत–महात्मा वंदना

१३७. मीरा पीन्ही विष का प्याला

खयाल – राग तोड़ी, तीन ताल

स्थायी : **मीरा पीन्ही विष का प्याला, ना हुई उईमा ना भई पीड़ा ।**
केशव की सब लीला ।।

अंतरा : 1. **राणा जी से नाता तोरा, जग जन से मीरा मुख मोड़ा ।**
मोहन संग मन जोड़ा ।।

2. **राधावर का नाम पियारा, गाई निश दिन हरि हरि मीरा ।**
हँस कर जीवन छोड़ा ।।

स्थायी

0				3				X				2			
रे	ग	रे	सा	नि़	सा	रे	सा	ग	ग	ग	म॑	रे	ग	रे	सा
मी	ऽ	रा	ऽ	पी	ऽ	न्ही	ऽ	वि	ष	का	ऽ	प्या	ऽ	ला	ऽ
नि	रे	ग	म॑	ध	ध	प	–	म॑	ग	ग	म॑	रे	ग	रे	सा
ना	ऽ	हु	ई	उ	ई	मा	ऽ	ना	ऽ	भ	ई	पी	ऽ	ड़ा	ऽ
सा	रे	ग	म॑	ध	–	नि	सां	धनि	सांरें	गंरें	सांनि	धनि	धप	म॑ग	रेसा
के	ऽ	श	व	की	ऽ	स	ब	लीऽ	ऽऽ	ऽऽ	ऽऽ	लाऽ	ऽऽ	ऽऽ	ऽऽ
रे	ग	रे	सा	नि़	सा	रे	सा	ग	ग	ग	म॑	रे	ग	रे	सा
मी	ऽ	रा	ऽ	पी	ऽ	न्ही	ऽ	वि	ष	का	ऽ	प्या	ऽ	ला	ऽ

अंतरा–1

0				3				X				2			
ध	म॑	म॑	–	ध	–	नि	–	धनि	सां	सां	–	नि	रें	सां	–
रा	ऽ	णा	ऽ	जी	ऽ	से	ऽ	नाऽ	ऽ	ता	ऽ	तो	ऽ	ड़ा	ऽ
नि	ध	नि	नि	सां	–	–	सां	सांरें	गं	ग	म॑	रें	गं	रें	सां
ज	ग	ज	न	से	ऽ	ऽ	मी	राऽ	ऽ	मु	ख	मो	ऽ	ड़ा	ऽ
नि	ध	ध	गं	रें	सां	नि	सां	धनि	सांरें	गंरें	सांनि	धनि	धप	म॑ग	रेसा
मो	ऽ	ह	न	से	ऽ	म	न	जोऽ	ऽऽ	ऽऽ	ऽऽ	राऽ	ऽऽ	ऽऽ	ऽऽ
रे	ग	रे	सा	नि़	सा	रे	सा	ग	ग	ग	म॑	रे	ग	रे	सा
मी	ऽ	रा	ऽ	पी	ऽ	न्ही	ऽ	वि	ष	का	ऽ	प्या	ऽ	ला	ऽ

१३८. गुरु वंदना

कहरवा ताल

श्लोक : गुरु ब्रह्मा शिव, गुरु विष्णु है, गुरु चरणन में ज्ञान सही ।
स्थायी : गुरु राम है, गुरु श्याम है, श्री गणपति का अवतार वही ।

अंतरा : 1. ज्ञान सिखावे, राह दिखावे, गुरु के तले अंधःकार नहीं ।
2. भरम भगावे, भाग्य जगावे, गुरु से बड़ा अधिकार नहीं ।
3. छाँव गुरु है, नाव गुरु है, गुरु से बड़ी पतवार नहीं ।
4. गुरु गुण गावो, गुरु ऋण ध्यावो, गुरु किरपा का भार नहीं ।

श्लोक

सां	सां,	रें	सां	सां	–	सां सां,	सां	सां,	रें	सां	नि	–	नि	–					
गु	रु,	ब्र	ऽ	ह्मा	ऽ	शि व,	गु	रु,	वि	ष्	णु	ऽ	है	ऽ					
नि	नि	–	नि	नि	गं	गं	गं	रें,	रेंगं	रें	सां	सां	–	–	–				
गु	रु	ऽ	च	र	ण	न	में	ऽ,	ज्ञाऽ	न	स	ही	ऽ	ऽ	ऽ				
सां	सां	–	सांरें	नि	ध	प	–,	निध	नि	–	–	प	–	म	–	म	–	–	
गु	रु	ऽ	चर	ण	न	में	ऽ,	ज्ञाऽ	ऽ	ऽ	ऽ	न	ऽ	स	ऽ	ही	ऽ	ऽ	

स्थायी

		X				0				X				0			
म	प	ध	–ध	ध	–	–	–	प	म	प	–प	प	–	–	–	मग	रे
गु	रु	रा	ऽम	है	ऽ	ऽ	ऽ	गु	रु	श्या	ऽम	है	ऽ	ऽ	ऽ	श्रीऽ	ऽ
		–	रेरे	ग	ग	म	–	ध	ध	–	प	ध	प	म	म	मग	रे
		ऽ	गण	प	ति	का	ऽ	अ	व	ऽ	ता	ऽ	र	व	ही	श्रीऽ	ऽ
		–	रेरे	ग	ग	म	–	प	सां	–	(नि)ध	प	म	म	–	म	प
		ऽ	गण	प	ति	का	ऽ	अ	व	ऽ	ता	र	व	ही	ऽ	गु	रु

अंतरा–1

X				0				X				0			
–	सां–	नि	ध	सां	–	सां	–	–	सां–	नि	प	रें	–	रें	–
ऽ	ज्ञाऽ	न	सि	खा	ऽ	वे	ऽ	ऽ	राऽ	ह	दि	खा	ऽ	वे	ऽ
–	रेंरें	रें	रें	रें	–	रें	रें	–	रेंगं	रें	सां	सां	–	–	–
ऽ	गुरु	के	त	ले	ऽ	अं	ध:	ऽ	काऽ	र	न	हीं	ऽ	ऽ	ऽ
–	सांरें	नि	ध	प	–	प	प	–	निध	निप	म	म	–	म	प
ऽ	गुरु	के	त	ले	ऽ	अं	ध:	ऽ	काऽ	रऽ	न	हीं	ऽ	गु	रु

१३९. महर्षि वाल्मीकि

राग खमाज : दादरा ताल

स्थायी : मनन मगन, सुमिरन रत, नयन मूँदे, भूले भान ।
जाप चलत, पाप जलत, राम राम, जपत नाम ।।

अंतरा : 1. भव विराग, वीतराग, चरम याग, परम त्याग ।
कर्म विरत, ध्यान निरत, नित्य घटत, पुण्य काम ।।

2. रव निवांत, पूर्ण शांत, मन नितांत, विगत भ्रांत ।
ध्येय अटल, हेतु सुफल, शून्य विलीन, पूज्य धाम ।।

स्थायी

X			0			X			0		
ग	**सा**	**सा**	**ग**	**ग**	**म**	**गम**	**प**	**प**	**ध**	**म**	**ग**
म	न	न	म	ग	न	सु	मि	र	न	र	त
सांनि	**रेंसां**	**नि**	**ध**	**म**	**म**	**मप**	**ध**	**म**	**ग**	**–**	**ग**
नऽ	यऽ	न	मूँ	ऽ	दे	भूऽ	ऽ	ले	भा	ऽ	न
नि	**–**	**नि**	**नि**	**नि**	**सां**	**निध**	**नि**	**प**	**ध**	**नि**	**सां**
जा	ऽ	प	च	ल	त	पाऽ	ऽ	प	ज	ल	त
सांनि	**रेंसां**	**नि**	**ध**	**म**	**म**	**मप**	**ध**	**म**	**ग**	**–**	**ग**
राऽ	ऽऽ	म	रा	ऽ	म	जऽ	प	त	ना	ऽ	म
ग	**सा**	**सा**	**ग**	**ग**	**म**	**गम**	**प**	**प**	**ध**	**म**	**ग**
म	न	न	म	ग	न	सु	मि	र	न	र	त

अंतरा-1

X			0			X			0		
म	**ग**	**म**	**नि**	**ध**	**नि**	**धनि**	**सां**	**नि**	**सां**	**–**	**सां**
भ	व	वि	रा	ऽ	ग	वीऽ	ऽ	त	रा	ऽ	ग
नि	**नि**	**नि**	**नि**	**सां**	**सां**	**पनि**	**सांरें**	**सां**	**नि**	**ध**	**ध**
च	र	म	या	ऽ	ग	पऽ	र	म	त्या	ऽ	ग
ग	**सा**	**सा**	**ग**	**ग**	**म**	**गम**	**प**	**प**	**ध**	**म**	**ग**
कर्	ऽ	म	वि	र	त	ध्या	ऽ	न	नि	र	त
सांनि	**रेंसां**	**नि**	**ध**	**म**	**म**	**मप**	**ध**	**म**	**ग**	**–**	**ग**
निऽ	ऽऽ	त्य	घ	ट	त	पुऽ	ऽ	ण्य	का	ऽ	म
ग	**सा**	**सा**	**ग**	**ग**	**म**	**गम**	**प**	**प**	**ध**	**म**	**ग**
म	न	न	म	ग	न	सु	मि	र	न	र	त

स्थायी तान : मनन मगन निसा गम पम । गम पध पम । गम पध निध । पम गरे सा–

१४१. श्री दत्तात्रय

कहरवा ताल

स्थायी : **दत्त गुरु मेरा, जय जय हो । दत्ता दिगंबर, शिव शिव ओम्, बोलो ।**
सद्गुरु मेरा, जय जय हो ।।

1. मुख माँगे दान देता, सब से न्यारा न्यारा । जग में जिसका बोल बाला, हर हर ओम् ।
आहा! तीन मुखी सत् नाम कहो ।।

2. दुख करे दूर सारे, सब से प्यारा प्यारा । सबसे ऊँचे नाम वाला, हर हर ओम् ।
आहा! दीन दुखी भगवान् कहो ।।

3. सुख देता ढेर सारे, दत्तात्रय मेरा । हम पर उसने जादू डारा, हर हर ओम् ।
आहा! एक सखा सियराम कहो ।।

स्थायी

X				0				X				0			
म	प	प	म	प	ध	ध	प	प	ध	प	म	म	–	–	–
द	त्त	गु	रु	मे	ऽ	रा	ऽ	ज	य	ज	य	हो	ऽ	ऽ	ऽ
नि	नि	–	नि	नि	–	नि	नि	सां	रें	सां	नि	ध	–	प	म
द	त्ता	ऽ	दि	गं	ऽ	ब	र	शि	व	शि	व	ओ	ऽ	ऽ	म्
नि	नि	–	नि	नि	–	नि	नि	सां	रें	सां	नि	ध	–	ध	ध
द	त्ता	ऽ	दि	गं	ऽ	ब	र	शि	व	शि	व	ओम्	ऽ	बो	लो
म	प	प	म	प	ध	ध	प	प	ध	प	म	म	–	–	–
स	द्	गु	रु	मे	ऽ	रा	ऽ	ज	य	ज	य	हो	ऽ	ऽ	ऽ
म	प	प	म	प	ध	ध	प	प	ध	प	म	म	–	–	–
द	त्त	गु	रु	मे	ऽ	रा	ऽ	ज	य	ज	य	हो	ऽ	ऽ	ऽ

अंतरा–1

X				0				X				0			
ग	ग	ग	ग	म–	म	प	प	नि	ध	प	म	म	–	म	–
मु	ख	माँ	गे	दाऽ	न	दे	ता	सब	से	न्या	रा	न्या	ऽ	रा	ऽ
नि	नि	नि	नि	नि	नि	नि	नि	रें	रें	सां	नि	ध	–	प	म
जग	में	जिस	का	बो	ल	बा	ला	ह	र	ह	र	ओम्	ऽ	आ	हा
म	प	प	म	प	ध	ध	प	प	ध	प	म	म	–	–	–
ती	ऽ	न	मु	खी	ऽ	स	त्	ना	ऽ	म	क	हो	ऽ	ऽ	ऽ
म	प	प	म	प	ध	ध	प	प	ध	प	म	म	–	–	–
स	द्	गु	रु	मे	ऽ	रा	ऽ	ज	य	ज	य	हो	ऽ	ऽ	ऽ
म	प	प	म	प	ध	ध	प	प	ध	प	म	म	–	–	–
द	त्त	गु	रु	मे	ऽ	रा	ऽ	ज	य	ज	य	हो	ऽ	ऽ	ऽ

१४२. भगत परलाद

राग : रासडा, कहरवा ताल

स्थायी

हरि हरि! रटिया भगत परलादा, नरसिंघ बना, जग रखवारा ।

♫ रेग रेग! सारेग- ममम गमप-ध-, निधप-ध पम-, मम गपम-म- ।

अंतरा-1

हिरणकशप ने खंबा रचाया, बाल प्रलाद कु उसमें दबाया ।

बोला, दिखा दे मोहे अब, को है सहारा ।।

♫ मममगमम प- नि-ध पध-नि-, सां-नि धप-ध ध निधप धप-प- ।

सा-रे, गरे- रे- सारे गग, म- ग पम-म- ।।

अंतरा-2

हाथ जोड़ कर खड़ा भगत था, श्रीधर व्यापा तीन जगत था ।

छन मा प्रकट भया सुन कर, आरत पुकारा ।।

अंतरा-3

श्रीहरि केसरी रूप धराया, हिरणकशप कु अंक लिटाया ।

चीरा नख से उदर असुर का, हरि सुर पियारा ।।

१४३. साँई बाबा

कीर्तन : कहरवा ताल

स्थायी : **दाता मेरा सत्य साँई बाबा, पालन करता तू जग सारा ।।**

अंतरा : 1. **साँई हमारा एक सहारा, निश दिन पाहि मम संसारा ।।**

2. **भाई हमारा अरु रखवारा, दूर करेगा सब अँधियारा ।।**

3. **साई हमारा एक किनारा, जा के अँधेरा जग उजियारा ।।**

स्थायी

x				0				x				0			
–	सा	ध	ध	प	–	म	–	ग	रे	ग	पग	रे	–	सा	–
ऽ	दा	ऽ	ता	मे	ऽ	रा	ऽ	स	त्य	साँ	ईऽ	बा	ऽ	बा	ऽ
–	सारे	म	ग	म	म	म	–	–	ध	–प	ग	मप	निध	प	–
ऽ	पाऽ	ल	न	क	र	ता	ऽ	ऽ	तू	ऽज	ग	साऽ	ऽऽ	रा	ऽ
–	ध	–	ध	प	–	म	–	ग	रे	ग	पग	रे	–	सा	–
ऽ	दा	ऽ	ता	मे	ऽ	रा	ऽ	स	त्य	साँ	ईऽ	बा	ऽ	बा	ऽ

अंतरा–1

X				0				X				0			
–	म	–प	ध	रें	–	सां	–	–	रेंनि	ध	प	नि	–	नि	–
ऽ	साँ	ऽई	ह	मा	ऽ	रा	ऽ	ऽ	एऽ	क	स	हा	ऽ	रा	ऽ
–	धध	ध	ध	प	–	म	–	–	गरे	गप	ग	रे	–	सा	–
ऽ	निश	दि	न	पा	ऽ	हि	ऽ	ऽ	मम	संऽ	ऽ	सा	ऽ	रा	ऽ
–	ध	–	ध	प	–	म	–	ग	रे	ग	पग	रे	–	सा	–
ऽ	दा	ऽ	ता	मे	ऽ	रा	ऽ	स	त्य	साँ	ईऽ	बा	ऽ	बा	ऽ

At the end of the lasr Antara

–	–	नि	प	रे	–	सा	–	–	–	सा	सा	म	–	ग	–
ऽ	ऽ	साँ	ई	बा	ऽ	बा	ऽ	ऽ	ऽ	साँ	ई	बा	ऽ	बा	ऽ
–	–	ग	प	नि	–	नि	–	–	–	रें	सां	सां	–	सां	–
ऽ	ऽ	साँ	ई	बा	ऽ	बा	ऽ	ऽ	ऽ	साँ	ई	बा	ऽ	बा	ऽ

१४३. शिर्डी वाले साँई

कीर्तन : कहरवा ताल

स्थायी : शिर्डी वाले सलाम, साँई बाबा प्रणाम ।
भजूँ मैं तेरे नाम, तू ही है राम और श्याम,
तू ही है राम और श्याम, ओ शिर्डी ।।

अंतरा : 1. तू ही है साँई राम, तुझ पे हम कुरबान,
तुझको लाख प्रणाम, हे मेरे भगवान ।।

2. जगत में एक महान, गाएँ तेरे गुण गान,
शिरडी परम धाम, हे मेरे भगवान् ।।

3. दे दो प्रभु वरदान, साँई तू भगवान,
गाऊँ श्री गुण गान, हे मेरे भगवान् ।।

स्थायी

X				0				X				0			
सा	सा	ध	म	म	ध	–	ग	म	–	–	म	–	–	–	–
शि	र्	डी	ऽ	वा	ले	ऽ	स	ला	ऽ	ऽ	म	ऽ	ऽ	ऽ	ऽ
म	–	नि	–	ध	नि	–	ध	सां	नि	–	–	–	–	ध	म
साँ	ऽ	ई	ऽ	बा	बा	ऽ	प्र	णा	ऽ	ऽ	ऽ	ऽ	ऽ	ऽ	म

म	**–**	**नि**	**–**	**ध**	**नि**	**–**	**ध**	**सां**	**नि**	**–**	**नि**	**–**	**–**	**–**	**–**
साँ	ऽ	ई	ऽ	बा	बा	ऽ	प्र	णा	ऽ	ऽ	म	ऽ	ऽ	ऽ	ऽ
सां	**सां**	**सां**	**रें**	**सां**	**नि**	**धप**	**म**	**प**	**–**	**म**	**ग**	**–**	**–**	**–**	**–**
भ	जूँ	मैं	ऽ	ते	ऽ	रेऽ	ऽ	ना	ऽ	ऽ	म	ऽ	ऽ	ऽ	ऽ
नि	**–**	**नि**	**ध**	**ध**	**प**	**प**	**ग**	**म**	**–**	**म**	**म**	**म**	**प**	**म**	**ग**
तू	ऽ	ही	ऽ	है	रा	म	और	श्या	ऽ	म	ओ	शि	र्	डी	ऽ
नि	**–**	**नि**	**ध**	**ध**	**प**	**प**	**ग**	**म**	**–**	**–**	**म**	**–**	**–**	**–**	**–**
तू	ऽ	ही	ऽ	है	रा	म	और	श्या	ऽ	ऽ	म	ऽ	ऽ	ऽ	ऽ
सा	**सा**	**ध**	**म**	**म**	**ध**	**–**	**ग**	**म**	**–**	**–**	**म**	**–**	**–**	**–**	**–**
शि	र्	डी	ऽ	वा	ले	ऽ	स	ला	ऽ	ऽ	म	ऽ	ऽ	ऽ	ऽ

अंतरा-1

X				0				X				0			
सां	**–**	**–**	**रें**	**सां**	**नि**	**ध**	**नि**	**सां**	**–**	**–**	**सां**	**–**	**–**	**–**	**–**
तू	ऽ	ऽ	ही	है	ऽ	सा	ई	रा	ऽ	ऽ	म	ऽ	ऽ	ऽ	ऽ
सां	**सां**	**सां**	**रें**	**सां**	**नि**	**ध**	**प**	**नि**	**–**	**–**	**नि**	**–**	**–**	**–**	**–**
तु	झ	पे	ऽ	ह	म	कु	र	बा	ऽ	ऽ	न	ऽ	ऽ	ऽ	ऽ
ध	**ध**	**ध**	**प**	**प**	**म**	**नि**	**प**	**मग**	**–**	**–**	**ग**	**–**	**–**	**–**	**–**
तु	झ	को	ऽ	ला	ऽ	ख	प्र	णा	ऽ	ऽ	म	ऽ	ऽ	ऽ	ऽ
नि	**–**	**नि**	**ध**	**ध**	**–**	**प**	**ग**	**म**	**–**	**–**	**म**	**–**	**–**	**–**	**–**
हे	ऽ	मे	ऽ	रे	ऽ	भ	ग	वा	ऽ	ऽ	न	ऽ	ऽ	ऽ	ऽ
सा	**सा**	**ध**	**म**	**म**	**ध**	**–**	**ग**	**म**	**–**	**–**	**म**	**–**	**–**	**–**	**–**
शि	र्	डी	ऽ	वा	ले	ऽ	स	ला	ऽ	ऽ	म	ऽ	ऽ	ऽ	ऽ

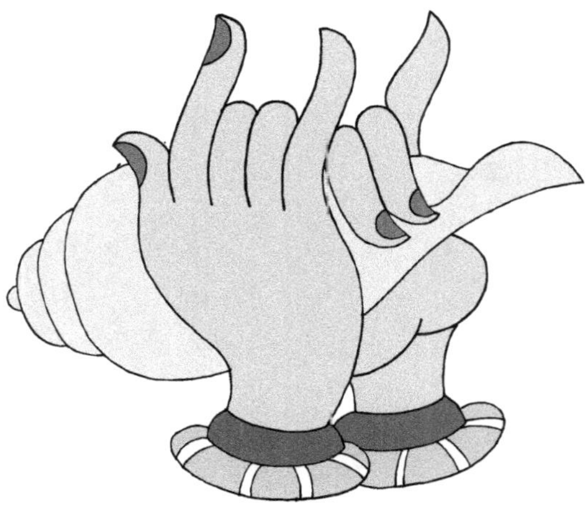

www.ingramcontent.com/pod-product-compliance
Lightning Source LLC
LaVergne TN
LVHW080938071026
849535LV00013B/4242
9781989416150